AF094454

The Shortest Path To Heaven Is Through A Garden Gate

Copyright © 2020 - Infinityou

All rights reserved. This book or part of it
may not be reproduced or used in any way
without the express written permission of the publisher
except for using short quotations in a book review.
Printed in the United States of America
First print, 2020

This Book Belongs To

_____

_____

Plant Name	Date Planted

Water Requirements 💧 💧💧 💧💧💧   Sunlight ☀ ☽ ●

☐ Seed   ☐ Transplant

Date	Event

Notes

Outcome

Uses

Purchased at: _____   Price: _____

Plant Name	Date Planted

Water Requirements 💧 💧💧 💧💧💧   Sunlight ☀- ☀- ●

☐ Seed   ☐ Transplant

Date	Event

Notes

Outcome

Uses

Purchased at: _____   Price: _____

Plant Name	Date Planted

Water Requirements 💧 💧💧 💧💧💧   Sunlight ☀ ☀ ●

☐ Seed   ☐ Transplant

Date	Event

Notes

Outcome

Uses

Purchased at: _____   Price: _____

Plant Name	Date Planted

Water Requirements 💧 💧💧 💧💧💧

Sunlight ☀ ☼ ●

☐ Seed ☐ Transplant

Date	Event

Notes

Outcome

Uses

Purchased at: _____ Price: _____

Plant Name	Date Planted

Water Requirements 💧 💧💧 💧💧💧   Sunlight ☀︎ ☼ ●

☐ Seed   ☐ Transplant

Date	Event

Notes

Outcome

Uses

Purchased at: _____   Price: _____

Plant Name	Date Planted

Water Requirements 💧 💧💧 💧💧💧   Sunlight ☀ ◐ ●

☐ Seed   ☐ Transplant

Date	Event

Notes

Outcome

Uses

Purchased at: _____   Price: _____

Plant Name	Date Planted

Water Requirements 💧 💧💧 💧💧💧

Sunlight ☀ ☼ ●

☐ Seed   ☐ Transplant

Date	Event

Notes

Outcome

Uses

Purchased at: _____   Price: _____

Plant Name	Date Planted

Water Requirements 💧 💧💧 💧💧💧

Sunlight ☀ ☼ ●

☐ Seed ☐ Transplant

Date	Event

Notes

Outcome

Uses

Purchased at: _____ Price: _____

Plant Name	Date Planted

Water Requirements 💧 💧💧 💧💧💧   Sunlight ☀ ☀ ●

☐ Seed   ☐ Transplant

Date	Event

Notes

Outcome

Uses

Purchased at: _____   Price: _____

Plant Name	Date Planted

Water Requirements 💧 💧💧 💧💧💧   Sunlight ☀ ☽ ●

☐ Seed   ☐ Transplant

Date	Event

Notes

Outcome

Uses

Purchased at: _____   Price: _____

Plant Name **Date Planted**

Water Requirements 💧 💧💧 💧💧💧   Sunlight ☀ ☼ ●

☐ Seed   ☐ Transplant

Date	Event

Notes

Outcome

Uses

Purchased at: _____   Price: _____

Plant Name   **Date Planted**

Water Requirements 💧 💧💧 💧💧💧   Sunlight ☀ ◐ ●

☐ Seed   ☐ Transplant

Date	Event

Notes

Outcome

Uses

Purchased at: _____   Price: _____

Plant Name **Date Planted**

Water Requirements 💧 💧💧 💧💧💧   Sunlight ☀ ☀ ●

☐ Seed   ☐ Transplant

Date	Event

Notes

Outcome

Uses

Purchased at: _____   Price: _____

Plant Name	Date Planted

Water Requirements 💧 💧💧 💧💧💧   Sunlight ☀ ☼ ●

☐ Seed   ☐ Transplant

Date	Event

Notes

Outcome

Uses

Purchased at: _____   Price: _____

Plant Name	Date Planted

Water Requirements 💧 💧💧 💧💧💧   Sunlight ☀ ☽ ●

☐ Seed   ☐ Transplant

Date	Event

Notes

Outcome

Uses

Purchased at: _____   Price: _____

Plant Name	Date Planted

Water Requirements 💧 💧💧 💧💧💧   Sunlight ☀ ◐ ●

☐ Seed   ☐ Transplant

Date	Event

Notes

Outcome

Uses

Purchased at: _____   Price: _____

Plant Name	Date Planted

Water Requirements 💧 💧💧 💧💧💧   Sunlight ☀ ◐ ●

☐ Seed   ☐ Transplant

Date	Event

Notes

Outcome

Uses

Purchased at: _____   Price: _____

Plant Name   **Date Planted**

Water Requirements 💧 💧💧 💧💧💧   Sunlight ☀ ◐ ●

☐ Seed   ☐ Transplant

Date	Event

Notes

Outcome

Uses

Purchased at: _____   Price: _____

Plant Name	Date Planted

Water Requirements 💧 💧💧 💧💧💧   Sunlight ☀ ☀ ●

☐ Seed   ☐ Transplant

Date	Event

Notes

Outcome

Uses

Purchased at: _____   Price: _____

Plant Name 	**Date Planted**

Water Requirements 💧 💧💧 💧💧💧   Sunlight ☀ ☀ ●

☐ Seed   ☐ Transplant

Date	Event

Notes

Outcome

Uses

Purchased at: _____   Price: _____

Plant Name	Date Planted

Water Requirements 💧 💧💧 💧💧💧   Sunlight ☀ ☼ ●

☐ Seed   ☐ Transplant

Date	Event

Notes

Outcome

Uses

Purchased at: _____   Price: _____

Plant Name	Date Planted

Water Requirements 💧 💧💧 💧💧💧

Sunlight ☀ ◐ ●

☐ Seed ☐ Transplant

Date	Event

Notes

Outcome

Uses

Purchased at: _____ Price: _____

Plant Name	Date Planted

Water Requirements 💧 💧💧 💧💧💧   Sunlight ☀ ☼ ●

☐ Seed   ☐ Transplant

Date	Event

Notes

Outcome

Uses

Purchased at: _____   Price: _____

Plant Name	Date Planted

Water Requirements 💧 💧💧 💧💧💧   Sunlight ☀ ◐ ●

☐ Seed   ☐ Transplant

Date	Event

Notes

Outcome

Uses

Purchased at: _____   Price: _____

Plant Name	Date Planted

Water Requirements 💧 💧💧 💧💧💧   Sunlight ☀ ◐ ●

☐ Seed ☐ Transplant

Date	Event

Notes

Outcome

Uses

Purchased at: _____ Price: _____

Plant Name　　　　　　　　　　**Date Planted**

Water Requirements 💧 💧💧 💧💧💧　　　Sunlight ☀ ☼ ●

☐ Seed　　☐ Transplant

Date	Event

Notes

Outcome

Uses

Purchased at: _____　　Price: _____

Plant Name	Date Planted

Water Requirements 💧 💧💧 💧💧💧

Sunlight ☀ ☾ ●

☐ Seed ☐ Transplant

Date	Event

Notes

Outcome

Uses

Purchased at: _____ Price: _____

Plant Name	Date Planted

Water Requirements 💧 💧💧 💧💧💧   Sunlight ☀ ◐ ●

☐ Seed   ☐ Transplant

Date	Event

Notes

Outcome

Uses

Purchased at: _____   Price: _____

Plant Name	Date Planted

Water Requirements 💧 💧💧 💧💧💧   Sunlight ☀ ☼ ●

☐ Seed   ☐ Transplant

Date	Event

Notes

Outcome

Uses

Purchased at: _____   Price: _____

Plant Name	Date Planted

Water Requirements 💧 💧💧 💧💧💧   Sunlight ☀ ◐ ●

☐ Seed   ☐ Transplant

Date	Event

Notes

Outcome

Uses

Purchased at: _____   Price: _____

Plant Name	Date Planted

Water Requirements 💧 💧💧 💧💧💧   Sunlight ☀ ☼ ●

☐ Seed   ☐ Transplant

Date	Event

Notes

Outcome

Uses

Purchased at: _____   Price: _____

Plant Name	Date Planted

Water Requirements 💧 💧💧 💧💧💧   Sunlight ☀ ◐ ●

☐ Seed   ☐ Transplant

Date	Event

Notes

Outcome

Uses

Purchased at: _____   Price: _____

Plant Name	Date Planted

Water Requirements 💧 💧💧 💧💧💧   Sunlight ☀ ☼ ●

☐ Seed   ☐ Transplant

Date	Event

Notes

Outcome

Uses

Purchased at: _____   Price: _____

Plant Name	Date Planted

Water Requirements 💧 💧💧 💧💧💧

Sunlight ☀ ☼ ●

☐ Seed   ☐ Transplant

Date	Event

Notes

Outcome

Uses

Purchased at: _____   Price: _____

Plant Name	Date Planted

Water Requirements 💧 💧💧 💧💧💧

Sunlight ☀ ☼ ●

☐ Seed   ☐ Transplant

Date	Event

Notes

Outcome

Uses

Purchased at: _____   Price: _____

Plant Name	Date Planted

Water Requirements 💧 💧💧 💧💧💧   Sunlight ☀ ◐ ●

☐ Seed   ☐ Transplant

Date	Event

Notes

Outcome

Uses

Purchased at: _____   Price: _____

Plant Name		Date Planted

Water Requirements 💧 💧💧 💧💧💧   Sunlight ☀ ◐ ●

☐ Seed   ☐ Transplant

Date	Event

Notes

Outcome

Uses

Purchased at: _____   Price: _____

Plant Name	Date Planted

Water Requirements 💧 💧💧 💧💧💧   Sunlight ☀- ☀- ●

☐ Seed   ☐ Transplant

Date	Event

Notes

Outcome

Uses

Purchased at: _____   Price: _____

Plant Name	Date Planted

Water Requirements 💧 💧💧 💧💧💧   Sunlight ☀ ☼ ●

☐ Seed   ☐ Transplant

Date	Event

Notes

Outcome

Uses

Purchased at: _____   Price: _____

Plant Name **Date Planted**

Water Requirements 💧 💧💧 💧💧💧   Sunlight ☀ ☼ ●

☐ Seed   ☐ Transplant

Date	Event

Notes

Outcome

Uses

Purchased at: _____ Price: _____

Plant Name	Date Planted

Water Requirements 💧 💧💧 💧💧💧   Sunlight ☀ ☼ ●

☐ Seed   ☐ Transplant

Date	Event

Notes

Outcome

Uses

Purchased at: _____   Price: _____

Plant Name **Date Planted**

Water Requirements   💧   💧💧   💧💧💧   Sunlight   ☀ ☼ ●

☐ Seed   ☐ Transplant

Date	Event

Notes

Outcome

Uses

Purchased at: _____   Price: _____

Plant Name	Date Planted

Water Requirements 💧 💧💧 💧💧💧   Sunlight ☀ ☀ ●

☐ Seed   ☐ Transplant

Date	Event

Notes

Outcome

Uses

Purchased at: _____   Price: _____

Plant Name   **Date Planted**

Water Requirements 💧 💧💧 💧💧💧   Sunlight ☀ ☽ ●

☐ Seed   ☐ Transplant

Date	Event

Notes

Outcome

Uses

Purchased at: _____   Price: _____

Plant Name		Date Planted	

Water Requirements 💧 💧💧 💧💧💧   Sunlight ☀ ☼ ●

☐ Seed   ☐ Transplant

Date	Event

Notes

Outcome

Uses

Purchased at: _____   Price: _____

Plant Name **Date Planted**

Water Requirements 💧 💧💧 💧💧💧   Sunlight ☀ ☼ ●

☐ Seed ☐ Transplant

Date	Event

Notes

Outcome

Uses

Purchased at: _____ Price: _____

Plant Name	Date Planted

Water Requirements 💧 💧💧 💧💧💧   Sunlight ☀ ☼ ●

☐ Seed   ☐ Transplant

Date	Event

Notes

Outcome

Uses

Purchased at: _____   Price: _____

Plant Name	Date Planted

Water Requirements 💧 💧💧 💧💧💧   Sunlight ☀ ☽ ●

☐ Seed   ☐ Transplant

Date	Event

Notes

Outcome

Uses

Purchased at: _____   Price: _____

Plant Name **Date Planted**

Water Requirements 💧 💧💧 💧💧💧   Sunlight ☀ ☼ ●

☐ Seed   ☐ Transplant

Date	Event

Notes

Outcome

Uses

Purchased at: _____   Price: _____

Plant Name	Date Planted

Water Requirements 💧 💧💧 💧💧💧   Sunlight ☀ ☼ ●

☐ Seed   ☐ Transplant

Date	Event

Notes

Outcome

Uses

Purchased at: _____   Price: _____

Plant Name	Date Planted

Water Requirements 💧 💧💧 💧💧💧   Sunlight ☀ ☽ ●

☐ Seed   ☐ Transplant

Date	Event

Notes

Outcome

Uses

Purchased at: _____   Price: _____

Plant Name	Date Planted

Water Requirements 💧 💧💧 💧💧💧   Sunlight ☀ ◐ ●

☐ Seed   ☐ Transplant

Date	Event

Notes

Outcome

Uses

Purchased at: _____   Price: _____

Plant Name	Date Planted

Water Requirements 💧 💧💧 💧💧💧   Sunlight ☀ ☼ ●

☐ Seed   ☐ Transplant

Date	Event

Notes

Outcome

Uses

Purchased at: _____   Price: _____

Plant Name	Date Planted

Water Requirements 💧 💧💧 💧💧💧   Sunlight ☀ ◐ ●

☐ Seed   ☐ Transplant

Date	Event

Notes

Outcome

Uses

Purchased at: _____   Price: _____

Plant Name	Date Planted

Water Requirements 💧 💧💧 💧💧💧   Sunlight ☀ 🌤 ●

☐ Seed   ☐ Transplant

Date	Event

Notes

Outcome

Uses

Purchased at: _____   Price: _____

Plant Name	Date Planted

Water Requirements 💧 💧💧 💧💧💧   Sunlight ☀ ☀ ●

☐ Seed   ☐ Transplant

Date	Event

Notes

Outcome

Uses

Purchased at: _____   Price: _____

Plant Name	Date Planted

Water Requirements 💧 💧💧 💧💧💧   Sunlight ☀ ☽ ●

☐ Seed   ☐ Transplant

Date	Event

Notes

Outcome

Uses

Purchased at: _____   Price: _____

Plant Name **Date Planted**

Water Requirements 💧 💧💧 💧💧💧   Sunlight ☀ ◐ ●

☐ Seed   ☐ Transplant

Date	Event

Notes

Outcome

Uses

Purchased at: _____   Price: _____

Plant Name	Date Planted

Water Requirements 💧 💧💧 💧💧💧   Sunlight ☀ ☼ ●

☐ Seed   ☐ Transplant

Date	Event

Notes

Outcome

Uses

Purchased at: _____   Price: _____

Plant Name	Date Planted

Water Requirements 💧 💧💧 💧💧💧   Sunlight ☀ ☾ ●

☐ Seed   ☐ Transplant

Date	Event

Notes

Outcome

Uses

Purchased at: _____   Price: _____

Plant Name	Date Planted

Water Requirements 💧 💧💧 💧💧💧   Sunlight ☀ ☼ ●

☐ Seed   ☐ Transplant

Date	Event

Notes

Outcome

Uses

Purchased at: _____   Price: _____

Plant Name	Date Planted

Water Requirements 💧 💧💧 💧💧💧   Sunlight ☀ ☼ ●

☐ Seed   ☐ Transplant

Date	Event

Notes

Outcome

Uses

Purchased at: _____ Price: _____

Plant Name	Date Planted

Water Requirements 💧 💧💧 💧💧💧   Sunlight ☀ ☼ ●

☐ Seed   ☐ Transplant

Date	Event

Notes

Outcome

Uses

Purchased at: _____   Price: _____

Plant Name	Date Planted

Water Requirements 💧 💧💧 💧💧💧   Sunlight ☀ ☀ ●

☐ Seed   ☐ Transplant

Date	Event

Notes

Outcome

Uses

Purchased at: _____   Price: _____

Plant Name	Date Planted

Water Requirements 💧 💧💧 💧💧💧 Sunlight ☀ ☼ ●

☐ Seed   ☐ Transplant

Date	Event

Notes

Outcome

Uses

Purchased at: _____ Price: _____

Plant Name   **Date Planted**

Water Requirements   💧   💧💧   💧💧💧   Sunlight ☀ ☽ ●

☐ Seed   ☐ Transplant

Date	Event

Notes

Outcome

Uses

Purchased at: _____   Price: _____

Plant Name　　　　　　　　　　　**Date Planted**

Water Requirements 💧 💧💧 💧💧💧　　　Sunlight ☀ 🌗 ●

☐ Seed　　☐ Transplant

Date	Event

Notes

Outcome

Uses

Purchased at: _____　　Price: _____

Plant Name	Date Planted

Water Requirements 💧 💧💧 💧💧💧   Sunlight ☀ 🌤 ⬤

☐ Seed   ☐ Transplant

Date	Event

Notes

Outcome

Uses

Purchased at: _____   Price: _____

Plant Name	Date Planted

Water Requirements 💧 💧💧 💧💧💧   Sunlight ☀ ☽ ●

☐ Seed   ☐ Transplant

Date	Event

Notes

Outcome

Uses

Purchased at: _____   Price: _____

Plant Name	Date Planted

Water Requirements 💧 💧💧 💧💧💧   Sunlight ☀ ◐ ●

☐ Seed   ☐ Transplant

Date	Event

Notes

Outcome

Uses

Purchased at: _____   Price: _____

Plant Name	Date Planted

Water Requirements 💧 💧💧 💧💧💧   Sunlight ☀ ☽ ●

☐ Seed   ☐ Transplant

Date	Event

Notes

Outcome

Uses

Purchased at: _____   Price: _____

Plant Name	Date Planted

Water Requirements 💧 💧💧 💧💧💧   Sunlight ☀ ☼ ●

☐ Seed   ☐ Transplant

Date	Event

Notes

Outcome

Uses

Purchased at: _____   Price: _____

Plant Name	Date Planted

Water Requirements 💧 💧💧 💧💧💧   Sunlight ☀ ☀ ●

☐ Seed   ☐ Transplant

Date	Event

Notes

Outcome

Uses

Purchased at: _____   Price: _____

Plant Name **Date Planted**

Water Requirements   💧 💧💧 💧💧💧   **Sunlight** ☀ ☼ ●

☐ Seed   ☐ Transplant

Date	Event

Notes

Outcome

Uses

Purchased at: _____   Price: _____

Plant Name	Date Planted

Water Requirements 💧 💧💧 💧💧💧   Sunlight ☀ ☽ ●

☐ Seed   ☐ Transplant

Date	Event

Notes

Outcome

Uses

Purchased at: _____   Price: _____

Plant Name	Date Planted

Water Requirements 💧 💧💧 💧💧💧   Sunlight ☀ ☼ ●

☐ Seed   ☐ Transplant

Date	Event

Notes

Outcome

Uses

Purchased at: _____   Price: _____

Plant Name	Date Planted

Water Requirements 💧 💧💧 💧💧💧   Sunlight ☀ ☀ ●

☐ Seed   ☐ Transplant

Date	Event

Notes

Outcome

Uses

Purchased at: _____   Price: _____

Plant Name　　　　　　　　　　　　**Date Planted**

Water Requirements　💧　💧💧　💧💧💧　　　　Sunlight　☀　🌓　●

☐ Seed　　☐ Transplant

Date	Event

Notes

Outcome

Uses

Purchased at: _____　　Price: _____

Plant Name	Date Planted

Water Requirements 💧 💧💧 💧💧💧   Sunlight ☀ ☼ ●

☐ Seed   ☐ Transplant

Date	Event

Notes

Outcome

Uses

Purchased at: _____   Price: _____

Plant Name	Date Planted

Water Requirements 💧 💧💧 💧💧💧   Sunlight ☀ ☼ ●

☐ Seed   ☐ Transplant

Date	Event

Notes

Outcome

Uses

Purchased at: _____   Price: _____

Plant Name	Date Planted

Water Requirements 💧 💧💧 💧💧💧   Sunlight ☀ ☽ ●

☐ Seed   ☐ Transplant

Date	Event

Notes

Outcome

Uses

Purchased at: _____   Price: _____

Plant Name	Date Planted

Water Requirements 💧 💧💧 💧💧💧   Sunlight ☀ ☽ ●

☐ Seed   ☐ Transplant

Date	Event

Notes

Outcome

Uses

Purchased at: _____   Price: _____

Plant Name	Date Planted

Water Requirements 💧 💧💧 💧💧💧   Sunlight ☀ ☽ ●

☐ Seed   ☐ Transplant

Date	Event

Notes

Outcome

Uses

Purchased at: _____   Price: _____

Plant Name	Date Planted

Water Requirements 💧 💧💧 💧💧💧   Sunlight ☀ ☼ ●

☐ Seed   ☐ Transplant

Date	Event

Notes

Outcome

Uses

Purchased at: _____   Price: _____

Plant Name	Date Planted

Water Requirements 💧 💧💧 💧💧💧

Sunlight ☀ 🌤 ●

☐ Seed ☐ Transplant

Date	Event

Notes

Outcome

Uses

Purchased at: _____ Price: _____

Plant Name   **Date Planted**

Water Requirements 💧 💧💧 💧💧💧   Sunlight ☀ ☼ ●

☐ Seed   ☐ Transplant

Date	Event

Notes

Outcome

Uses

Purchased at: _____   Price: _____

Plant Name	Date Planted

Water Requirements 💧 💧💧 💧💧💧   Sunlight ☀ ☾ ●

☐ Seed   ☐ Transplant

Date	Event

Notes

Outcome

Uses

Purchased at: _____   Price: _____

Plant Name **Date Planted**

Water Requirements 💧 💧💧 💧💧💧   Sunlight ☀ ☾ ●

☐ Seed   ☐ Transplant

Date	Event

Notes

Outcome

Uses

Purchased at: _____   Price: _____

Plant Name	Date Planted

Water Requirements 💧 💧💧 💧💧💧   Sunlight ☀ ☼ ●

☐ Seed   ☐ Transplant

Date	Event

Notes

Outcome

Uses

Purchased at: _____   Price: _____

Plant Name   **Date Planted**

Water Requirements 💧 💧💧 💧💧💧   Sunlight ☀ ◐ ●

☐ Seed   ☐ Transplant

Date	Event

Notes

Outcome

Uses

Purchased at: _____   Price: _____

Plant Name	Date Planted

Water Requirements 💧 💧💧 💧💧💧   Sunlight ☀ ◐ ●

☐ Seed   ☐ Transplant

Date	Event

Notes

Outcome

Uses

Purchased at: _____   Price: _____

Plant Name	Date Planted

Water Requirements 💧 💧💧 💧💧💧   Sunlight ☀ ☼ ●

☐ Seed   ☐ Transplant

Date	Event

Notes

Outcome

Uses

Purchased at: _____   Price: _____

Plant Name	Date Planted

Water Requirements 💧 💧💧 💧💧💧   Sunlight ☀ ◐ ●

☐ Seed   ☐ Transplant

Date	Event

Notes

Outcome

Uses

Purchased at: _____   Price: _____

Plant Name **Date Planted**

Water Requirements 💧 💧💧 💧💧💧

Sunlight ☀ ◐ ●

☐ Seed   ☐ Transplant

Date	Event

Notes

Outcome

Uses

Purchased at: _____   Price: _____

Plant Name	Date Planted

Water Requirements 💧 💧💧 💧💧💧   Sunlight ☀ ☼ ●

☐ Seed   ☐ Transplant

Date	Event

Notes

Outcome

Uses

Purchased at: _____   Price: _____

Plant Name	Date Planted

Water Requirements 💧 💧💧 💧💧💧   Sunlight ☀ ☽ ●

☐ Seed   ☐ Transplant

Date	Event

Notes

Outcome

Uses

Purchased at: _____   Price: _____

Plant Name	Date Planted

Water Requirements 💧 💧💧 💧💧💧   Sunlight ☀ ☽ ●

☐ Seed   ☐ Transplant

Date	Event

Notes

Outcome

Uses

Purchased at: _____   Price: _____

Plant Name	Date Planted

Water Requirements 💧 💧💧 💧💧💧   Sunlight ☀ ☼ ●

☐ Seed   ☐ Transplant

Date	Event

Notes

Outcome

Uses

Purchased at: _____   Price: _____

Plant Name	Date Planted

Water Requirements 💧 💧💧 💧💧💧 Sunlight ☀ ☽ ●

☐ Seed ☐ Transplant

Date	Event

Notes

Outcome

Uses

Purchased at: _____ Price: _____

Plant Name   **Date Planted**

Water Requirements 💧 💧💧 💧💧💧   Sunlight ☀ ☼ ●

☐ Seed   ☐ Transplant

Date	Event

Notes

Outcome

Uses

Purchased at: _____   Price: _____

Seeds	Date Planted

Transplant	Date Planted

Seeds	Date Planted

Transplant	Date Planted

Seeds	Date Planted

Transplant	Date Planted

Seeds	Date Planted

Transplant	Date Planted

Seeds	Date Planted

Transplant	Date Planted

Seeds	Date Planted

Transplant	Date Planted

Seeds	Date Planted

Transplant	Date Planted

Seeds	Date Planted

Transplant	Date Planted

Seeds	Date Planted

Transplant	Date Planted

Seeds	Date Planted

Transplant	Date Planted

Seeds	Date Planted

Transplant	Date Planted

Seeds	Date Planted

Transplant	Date Planted

Seeds	Date Planted

Transplant	Date Planted

Seeds	Date Planted

Transplant	Date Planted

Seeds	Date Planted

Transplant	Date Planted

Seeds	Date Planted

Transplant	Date Planted

Seeds	Date Planted

Transplant	Date Planted

Seeds	Date Planted

Transplant	Date Planted

Seeds	Date Planted

Transplant	Date Planted

Seeds	Date Planted

Transplant	Date Planted

Seeds	Date Planted

Transplant	Date Planted

Seeds	Date Planted

Transplant	Date Planted

Seeds	Date Planted

Transplant	Date Planted

Seeds	Date Planted

Transplant	Date Planted

Seeds	Date Planted

Transplant	Date Planted

Seeds	Date Planted

Transplant	Date Planted

Seeds	Date Planted

Transplant	Date Planted

Seeds	Date Planted

Transplant	Date Planted

Seeds	Date Planted

Transplant	Date Planted

Seeds	Date Planted

Transplant	Date Planted

Seeds	Date Planted

Transplant	Date Planted

Seeds	Date Planted

Transplant	Date Planted

Seeds	Date Planted

Transplant	Date Planted

Seeds	Date Planted

Transplant	Date Planted

Seeds	Date Planted

Transplant	Date Planted

Seeds	Date Planted

Transplant	Date Planted

Seeds	Date Planted

Transplant	Date Planted

Seeds	Date Planted

Transplant	Date Planted

Seeds	Date Planted

Transplant	Date Planted

Seeds	Date Planted

Transplant	Date Planted

Seeds	Date Planted

Transplant	Date Planted

Seeds	Date Planted

Transplant	Date Planted

Seeds	Date Planted

Transplant	Date Planted

Seeds	Date Planted

Transplant	Date Planted

Seeds	Date Planted

Transplant	Date Planted

Seeds	Date Planted

Transplant	Date Planted

Seeds	Date Planted

Transplant	Date Planted

Seeds	Date Planted

Transplant	Date Planted

Seeds	Date Planted

Transplant	Date Planted

Seeds	Date Planted

Transplant	Date Planted

Monday
- ☐ _____
- ☐ _____
- ☐ _____
- ☐ _____

Tuesday
- ☐ _____
- ☐ _____
- ☐ _____
- ☐ _____

Wednesday
- ☐ _____
- ☐ _____
- ☐ _____
- ☐ _____

Thursday
- ☐ _____
- ☐ _____
- ☐ _____
- ☐ _____

Friday
- ☐ _____
- ☐ _____
- ☐ _____
- ☐ _____

Saturday
- ☐ _____
- ☐ _____
- ☐ _____
- ☐ _____

Sunday
- ☐ _____
- ☐ _____
- ☐ _____
- ☐ _____

Notes:
_____
_____
_____

Monday	Tuesday

Wednesday	Thursday

Friday	Saturday

Sunday

Notes:

Monday

- [ ] _____
- [ ] _____
- [ ] _____
- [ ] _____

Tuesday

- [ ] _____
- [ ] _____
- [ ] _____
- [ ] _____

Wednesday

- [ ] _____
- [ ] _____
- [ ] _____
- [ ] _____

Thursday

- [ ] _____
- [ ] _____
- [ ] _____
- [ ] _____

Friday

- [ ] _____
- [ ] _____
- [ ] _____
- [ ] _____

Saturday

- [ ] _____
- [ ] _____
- [ ] _____
- [ ] _____

Sunday

- [ ] _____
- [ ] _____
- [ ] _____
- [ ] _____

Notes:
_____
_____
_____

Monday
- ☐ _____
- ☐ _____
- ☐ _____
- ☐ _____

Tuesday
- ☐ _____
- ☐ _____
- ☐ _____
- ☐ _____

Wednesday
- ☐ _____
- ☐ _____
- ☐ _____
- ☐ _____

Thursday
- ☐ _____
- ☐ _____
- ☐ _____
- ☐ _____

Friday
- ☐ _____
- ☐ _____
- ☐ _____
- ☐ _____

Saturday
- ☐ _____
- ☐ _____
- ☐ _____
- ☐ _____

Sunday
- ☐ _____
- ☐ _____
- ☐ _____
- ☐ _____

Notes:
_____
_____
_____

Monday

- [ ] _____
- [ ] _____
- [ ] _____
- [ ] _____

Tuesday

- [ ] _____
- [ ] _____
- [ ] _____
- [ ] _____

Wednesday

- [ ] _____
- [ ] _____
- [ ] _____
- [ ] _____

Thursday

- [ ] _____
- [ ] _____
- [ ] _____
- [ ] _____

Friday

- [ ] _____
- [ ] _____
- [ ] _____
- [ ] _____

Saturday

- [ ] _____
- [ ] _____
- [ ] _____
- [ ] _____

Sunday

- [ ] _____
- [ ] _____
- [ ] _____
- [ ] _____

Notes:
_____
_____
_____

Monday
- [ ] _____
- [ ] _____
- [ ] _____
- [ ] _____

Tuesday
- [ ] _____
- [ ] _____
- [ ] _____
- [ ] _____

Wednesday
- [ ] _____
- [ ] _____
- [ ] _____
- [ ] _____

Thursday
- [ ] _____
- [ ] _____
- [ ] _____
- [ ] _____

Friday
- [ ] _____
- [ ] _____
- [ ] _____
- [ ] _____

Saturday
- [ ] _____
- [ ] _____
- [ ] _____
- [ ] _____

Sunday
- [ ] _____
- [ ] _____
- [ ] _____
- [ ] _____

Notes:
_____
_____
_____
_____

Monday

- [ ] _____
- [ ] _____
- [ ] _____
- [ ] _____

Tuesday

- [ ] _____
- [ ] _____
- [ ] _____
- [ ] _____

Wednesday

- [ ] _____
- [ ] _____
- [ ] _____
- [ ] _____

Thursday

- [ ] _____
- [ ] _____
- [ ] _____
- [ ] _____

Friday

- [ ] _____
- [ ] _____
- [ ] _____
- [ ] _____

Saturday

- [ ] _____
- [ ] _____
- [ ] _____
- [ ] _____

Sunday

- [ ] _____
- [ ] _____
- [ ] _____
- [ ] _____

Notes:
_____
_____
_____

Monday
- ☐ _____
- ☐ _____
- ☐ _____
- ☐ _____

Tuesday
- ☐ _____
- ☐ _____
- ☐ _____
- ☐ _____

Wednesday
- ☐ _____
- ☐ _____
- ☐ _____
- ☐ _____

Thursday
- ☐ _____
- ☐ _____
- ☐ _____
- ☐ _____

Friday
- ☐ _____
- ☐ _____
- ☐ _____
- ☐ _____

Saturday
- ☐ _____
- ☐ _____
- ☐ _____
- ☐ _____

Sunday
- ☐ _____
- ☐ _____
- ☐ _____
- ☐ _____

Notes:
_____
_____
_____

Monday

- _____
- _____
- _____
- _____

Tuesday

- _____
- _____
- _____
- _____

Wednesday

- _____
- _____
- _____
- _____

Thursday

- _____
- _____
- _____
- _____

Friday

- _____
- _____
- _____
- _____

Saturday

- _____
- _____
- _____
- _____

Sunday

- _____
- _____
- _____
- _____

Notes:
_____
_____
_____

Monday

☐ _____
☐ _____
☐ _____
☐ _____

Tuesday

☐ _____
☐ _____
☐ _____
☐ _____

Wednesday

☐ _____
☐ _____
☐ _____
☐ _____

Thursday

☐ _____
☐ _____
☐ _____
☐ _____

Friday

☐ _____
☐ _____
☐ _____
☐ _____

Saturday

☐ _____
☐ _____
☐ _____
☐ _____

Sunday

☐ _____
☐ _____
☐ _____
☐ _____

Notes:
_____
_____
_____
_____

Monday

- _____
- _____
- _____
- _____

Tuesday

- _____
- _____
- _____
- _____

Wednesday

- _____
- _____
- _____
- _____

Thursday

- _____
- _____
- _____
- _____

Friday

- _____
- _____
- _____
- _____

Saturday

- _____
- _____
- _____
- _____

Sunday

- _____
- _____
- _____
- _____

Notes:
_____
_____
_____

Monday
- ☐ _____
- ☐ _____
- ☐ _____
- ☐ _____

Tuesday
- ☐ _____
- ☐ _____
- ☐ _____
- ☐ _____

Wednesday
- ☐ _____
- ☐ _____
- ☐ _____
- ☐ _____

Thursday
- ☐ _____
- ☐ _____
- ☐ _____
- ☐ _____

Friday
- ☐ _____
- ☐ _____
- ☐ _____
- ☐ _____

Saturday
- ☐ _____
- ☐ _____
- ☐ _____
- ☐ _____

Sunday
- ☐ _____
- ☐ _____
- ☐ _____
- ☐ _____

Notes:
_____
_____
_____
_____

Monday

- ☐ _____
- ☐ _____
- ☐ _____
- ☐ _____

Tuesday

- ☐ _____
- ☐ _____
- ☐ _____
- ☐ _____

Wednesday

- ☐ _____
- ☐ _____
- ☐ _____
- ☐ _____

Thursday

- ☐ _____
- ☐ _____
- ☐ _____
- ☐ _____

Friday

- ☐ _____
- ☐ _____
- ☐ _____
- ☐ _____

Saturday

- ☐ _____
- ☐ _____
- ☐ _____
- ☐ _____

Sunday

- ☐ _____
- ☐ _____
- ☐ _____
- ☐ _____

Notes:
_____
_____
_____

Monday	Tuesday
☐ _____	☐ _____
☐ _____	☐ _____
☐ _____	☐ _____
☐ _____	☐ _____

Wednesday	Thursday
☐ _____	☐ _____
☐ _____	☐ _____
☐ _____	☐ _____
☐ _____	☐ _____

Friday	Saturday
☐ _____	☐ _____
☐ _____	☐ _____
☐ _____	☐ _____
☐ _____	☐ _____

Sunday
☐ _____
☐ _____
☐ _____
☐ _____

Notes:
_____
_____
_____

Monday

- [ ] _____
- [ ] _____
- [ ] _____
- [ ] _____

Tuesday

- [ ] _____
- [ ] _____
- [ ] _____
- [ ] _____

Wednesday

- [ ] _____
- [ ] _____
- [ ] _____
- [ ] _____

Thursday

- [ ] _____
- [ ] _____
- [ ] _____
- [ ] _____

Friday

- [ ] _____
- [ ] _____
- [ ] _____
- [ ] _____

Saturday

- [ ] _____
- [ ] _____
- [ ] _____
- [ ] _____

Sunday

- [ ] _____
- [ ] _____
- [ ] _____
- [ ] _____

Notes:
_____
_____
_____

Monday
-
-
-
-

Tuesday
-
-
-
-

Wednesday
-
-
-
-

Thursday
-
-
-
-

Friday
-
-
-
-

Saturday
-
-
-
-

Sunday
-
-
-
-

Notes:

Monday

- [ ] _____
- [ ] _____
- [ ] _____
- [ ] _____

Tuesday

- [ ] _____
- [ ] _____
- [ ] _____
- [ ] _____

Wednesday

- [ ] _____
- [ ] _____
- [ ] _____
- [ ] _____

Thursday

- [ ] _____
- [ ] _____
- [ ] _____
- [ ] _____

Friday

- [ ] _____
- [ ] _____
- [ ] _____
- [ ] _____

Saturday

- [ ] _____
- [ ] _____
- [ ] _____
- [ ] _____

Sunday

- [ ] _____
- [ ] _____
- [ ] _____
- [ ] _____

Notes:

Monday

- [ ] _____
- [ ] _____
- [ ] _____
- [ ] _____

Tuesday

- [ ] _____
- [ ] _____
- [ ] _____
- [ ] _____

Wednesday

- [ ] _____
- [ ] _____
- [ ] _____
- [ ] _____

Thursday

- [ ] _____
- [ ] _____
- [ ] _____
- [ ] _____

Friday

- [ ] _____
- [ ] _____
- [ ] _____
- [ ] _____

Saturday

- [ ] _____
- [ ] _____
- [ ] _____
- [ ] _____

Sunday

- [ ] _____
- [ ] _____
- [ ] _____
- [ ] _____

Notes:

Monday

- _____
- _____
- _____
- _____

Tuesday

- _____
- _____
- _____
- _____

Wednesday

- _____
- _____
- _____
- _____

Thursday

- _____
- _____
- _____
- _____

Friday

- _____
- _____
- _____
- _____

Saturday

- _____
- _____
- _____
- _____

Sunday

- _____
- _____
- _____
- _____

Notes:
_____
_____
_____

Monday	Tuesday
☐ _____	☐ _____
☐ _____	☐ _____
☐ _____	☐ _____
☐ _____	☐ _____

Wednesday	Thursday
☐ _____	☐ _____
☐ _____	☐ _____
☐ _____	☐ _____
☐ _____	☐ _____

Friday	Saturday
☐ _____	☐ _____
☐ _____	☐ _____
☐ _____	☐ _____
☐ _____	☐ _____

Sunday
☐ _____
☐ _____
☐ _____
☐ _____

Notes:
_____
_____
_____

Monday

-
-
-
-

Tuesday

-
-
-
-

Wednesday

-
-
-
-

Thursday

-
-
-
-

Friday

-
-
-
-

Saturday

-
-
-
-

Sunday

-
-
-
-

Notes:

Monday
- ☐ _____
- ☐ _____
- ☐ _____
- ☐ _____

Tuesday
- ☐ _____
- ☐ _____
- ☐ _____
- ☐ _____

Wednesday
- ☐ _____
- ☐ _____
- ☐ _____
- ☐ _____

Thursday
- ☐ _____
- ☐ _____
- ☐ _____
- ☐ _____

Friday
- ☐ _____
- ☐ _____
- ☐ _____
- ☐ _____

Saturday
- ☐ _____
- ☐ _____
- ☐ _____
- ☐ _____

Sunday
- ☐ _____
- ☐ _____
- ☐ _____
- ☐ _____

Notes:
_____
_____
_____

Monday	Tuesday
☐ _____	☐ _____
☐ _____	☐ _____
☐ _____	☐ _____
☐ _____	☐ _____

Wednesday	Thursday
☐ _____	☐ _____
☐ _____	☐ _____
☐ _____	☐ _____
☐ _____	☐ _____

Friday	Saturday
☐ _____	☐ _____
☐ _____	☐ _____
☐ _____	☐ _____
☐ _____	☐ _____

Sunday
- ☐ _____
- ☐ _____
- ☐ _____
- ☐ _____

Notes:
_____
_____
_____

Monday

- [ ] _____
- [ ] _____
- [ ] _____
- [ ] _____

Tuesday

- [ ] _____
- [ ] _____
- [ ] _____
- [ ] _____

Wednesday

- [ ] _____
- [ ] _____
- [ ] _____
- [ ] _____

Thursday

- [ ] _____
- [ ] _____
- [ ] _____
- [ ] _____

Friday

- [ ] _____
- [ ] _____
- [ ] _____
- [ ] _____

Saturday

- [ ] _____
- [ ] _____
- [ ] _____
- [ ] _____

Sunday

- [ ] _____
- [ ] _____
- [ ] _____
- [ ] _____

Notes:
_____
_____
_____

Monday

- [ ] _____
- [ ] _____
- [ ] _____
- [ ] _____

Tuesday

- [ ] _____
- [ ] _____
- [ ] _____
- [ ] _____

Wednesday

- [ ] _____
- [ ] _____
- [ ] _____
- [ ] _____

Thursday

- [ ] _____
- [ ] _____
- [ ] _____
- [ ] _____

Friday

- [ ] _____
- [ ] _____
- [ ] _____
- [ ] _____

Saturday

- [ ] _____
- [ ] _____
- [ ] _____
- [ ] _____

Sunday

- [ ] _____
- [ ] _____
- [ ] _____
- [ ] _____

Notes:
_____
_____
_____

Monday	Tuesday
◯ _____	◯ _____
◯ _____	◯ _____
◯ _____	◯ _____
◯ _____	◯ _____

Wednesday	Thursday
◯ _____	◯ _____
◯ _____	◯ _____
◯ _____	◯ _____
◯ _____	◯ _____

Friday	Saturday
◯ _____	◯ _____
◯ _____	◯ _____
◯ _____	◯ _____
◯ _____	◯ _____

Sunday
◯ _____
◯ _____
◯ _____
◯ _____

Notes:
_____
_____
_____
_____

Monday	Tuesday
☐ _____	☐ _____
☐ _____	☐ _____
☐ _____	☐ _____
☐ _____	☐ _____

Wednesday	Thursday
☐ _____	☐ _____
☐ _____	☐ _____
☐ _____	☐ _____
☐ _____	☐ _____

Friday	Saturday
☐ _____	☐ _____
☐ _____	☐ _____
☐ _____	☐ _____
☐ _____	☐ _____

Sunday
☐ _____
☐ _____
☐ _____
☐ _____

Notes:
_____
_____
_____

Monday

- _____
- _____
- _____
- _____

Tuesday

- _____
- _____
- _____
- _____

Wednesday

- _____
- _____
- _____
- _____

Thursday

- _____
- _____
- _____
- _____

Friday

- _____
- _____
- _____
- _____

Saturday

- _____
- _____
- _____
- _____

Sunday

- _____
- _____
- _____
- _____

Notes:
_____
_____
_____

Monday

- [ ] _____
- [ ] _____
- [ ] _____
- [ ] _____

Tuesday

- [ ] _____
- [ ] _____
- [ ] _____
- [ ] _____

Wednesday

- [ ] _____
- [ ] _____
- [ ] _____
- [ ] _____

Thursday

- [ ] _____
- [ ] _____
- [ ] _____
- [ ] _____

Friday

- [ ] _____
- [ ] _____
- [ ] _____
- [ ] _____

Saturday

- [ ] _____
- [ ] _____
- [ ] _____
- [ ] _____

Sunday

- [ ] _____
- [ ] _____
- [ ] _____
- [ ] _____

Notes:
_____
_____
_____

Monday
- [ ] _____
- [ ] _____
- [ ] _____
- [ ] _____

Tuesday
- [ ] _____
- [ ] _____
- [ ] _____
- [ ] _____

Wednesday
- [ ] _____
- [ ] _____
- [ ] _____
- [ ] _____

Thursday
- [ ] _____
- [ ] _____
- [ ] _____
- [ ] _____

Friday
- [ ] _____
- [ ] _____
- [ ] _____
- [ ] _____

Saturday
- [ ] _____
- [ ] _____
- [ ] _____
- [ ] _____

Sunday
- [ ] _____
- [ ] _____
- [ ] _____
- [ ] _____

Notes:
_____
_____
_____

Monday	Tuesday
☐ _____	☐ _____
☐ _____	☐ _____
☐ _____	☐ _____
☐ _____	☐ _____

Wednesday	Thursday
☐ _____	☐ _____
☐ _____	☐ _____
☐ _____	☐ _____
☐ _____	☐ _____

Friday	Saturday
☐ _____	☐ _____
☐ _____	☐ _____
☐ _____	☐ _____
☐ _____	☐ _____

Sunday
- ☐ _____
- ☐ _____
- ☐ _____
- ☐ _____

Notes:
_____
_____
_____

Monday

- _____
- _____
- _____
- _____

Tuesday

- _____
- _____
- _____
- _____

Wednesday

- _____
- _____
- _____
- _____

Thursday

- _____
- _____
- _____
- _____

Friday

- _____
- _____
- _____
- _____

Saturday

- _____
- _____
- _____
- _____

Sunday

- _____
- _____
- _____
- _____

Notes:

_____
_____
_____

Monday	Tuesday
☐	☐
☐	☐
☐	☐
☐	

Wednesday	Thursday
☐	☐
☐	☐
☐	☐
☐	☐

Friday	Saturday
☐	☐
☐	☐
☐	☐
☐	☐

Sunday
- ☐
- ☐
- ☐
- ☐

Notes:

Monday

- ☐ _____
- ☐ _____
- ☐ _____
- ☐ _____

Tuesday

- ☐ _____
- ☐ _____
- ☐ _____
- ☐ _____

Wednesday

- ☐ _____
- ☐ _____
- ☐ _____
- ☐ _____

Thursday

- ☐ _____
- ☐ _____
- ☐ _____
- ☐ _____

Friday

- ☐ _____
- ☐ _____
- ☐ _____
- ☐ _____

Saturday

- ☐ _____
- ☐ _____
- ☐ _____
- ☐ _____

Sunday

- ☐ _____
- ☐ _____
- ☐ _____
- ☐ _____

Notes:

Monday	Tuesday
☐	☐
☐	☐
☐	☐
☐	☐

Wednesday	Thursday
☐	☐
☐	☐
☐	☐
☐	☐

Friday	Saturday
☐	☐
☐	☐
☐	☐
☐	☐

Sunday
☐
☐
☐
☐

Notes:

Monday
- [ ] _____
- [ ] _____
- [ ] _____
- [ ] _____

Tuesday
- [ ] _____
- [ ] _____
- [ ] _____
- [ ] _____

Wednesday
- [ ] _____
- [ ] _____
- [ ] _____
- [ ] _____

Thursday
- [ ] _____
- [ ] _____
- [ ] _____
- [ ] _____

Friday
- [ ] _____
- [ ] _____
- [ ] _____
- [ ] _____

Saturday
- [ ] _____
- [ ] _____
- [ ] _____
- [ ] _____

Sunday
- [ ] _____
- [ ] _____
- [ ] _____
- [ ] _____

Notes:
_____
_____
_____
_____

Monday	Tuesday
☐ _____	☐ _____
☐ _____	☐ _____
☐ _____	☐ _____
☐ _____	☐ _____

Wednesday	Thursday
☐ _____	☐ _____
☐ _____	☐ _____
☐ _____	☐ _____
☐ _____	☐ _____

Friday	Saturday
☐ _____	☐ _____
☐ _____	☐ _____
☐ _____	☐ _____
☐ _____	☐ _____

Sunday

☐ _____
☐ _____
☐ _____
☐ _____

Notes:
_____
_____
_____

Monday

-
-
-
-

Tuesday

-
-
-
-

Wednesday

-
-
-
-

Thursday

-
-
-
-

Friday

-
-
-
-

Saturday

-
-
-
-

Sunday

-
-
-
-

Notes:

Monday

- [ ] _____
- [ ] _____
- [ ] _____
- [ ] _____

Tuesday

- [ ] _____
- [ ] _____
- [ ] _____
- [ ] _____

Wednesday

- [ ] _____
- [ ] _____
- [ ] _____
- [ ] _____

Thursday

- [ ] _____
- [ ] _____
- [ ] _____
- [ ] _____

Friday

- [ ] _____
- [ ] _____
- [ ] _____
- [ ] _____

Saturday

- [ ] _____
- [ ] _____
- [ ] _____
- [ ] _____

Sunday

- [ ] _____
- [ ] _____
- [ ] _____
- [ ] _____

Notes:
_____
_____
_____

Monday

- [ ] _____
- [ ] _____
- [ ] _____
- [ ] _____

Tuesday

- [ ] _____
- [ ] _____
- [ ] _____
- [ ] _____

Wednesday

- [ ] _____
- [ ] _____
- [ ] _____
- [ ] _____

Thursday

- [ ] _____
- [ ] _____
- [ ] _____
- [ ] _____

Friday

- [ ] _____
- [ ] _____
- [ ] _____
- [ ] _____

Saturday

- [ ] _____
- [ ] _____
- [ ] _____
- [ ] _____

Sunday

- [ ] _____
- [ ] _____
- [ ] _____
- [ ] _____

Notes:
_____
_____
_____

Monday

- [ ] _____
- [ ] _____
- [ ] _____
- [ ] _____

Tuesday

- [ ] _____
- [ ] _____
- [ ] _____
- [ ] _____

Wednesday

- [ ] _____
- [ ] _____
- [ ] _____
- [ ] _____

Thursday

- [ ] _____
- [ ] _____
- [ ] _____
- [ ] _____

Friday

- [ ] _____
- [ ] _____
- [ ] _____
- [ ] _____

Saturday

- [ ] _____
- [ ] _____
- [ ] _____
- [ ] _____

Sunday

- [ ] _____
- [ ] _____
- [ ] _____
- [ ] _____

Notes:

_____
_____
_____

Monday

-
-
-
-

Tuesday

-
-
-
-

Wednesday

-
-
-
-

Thursday

-
-
-
-

Friday

-
-
-
-

Saturday

-
-
-
-

Sunday

-
-
-
-

Notes:

Monday

- [ ] _____
- [ ] _____
- [ ] _____
- [ ] _____

Tuesday

- [ ] _____
- [ ] _____
- [ ] _____
- [ ] _____

Wednesday

- [ ] _____
- [ ] _____
- [ ] _____
- [ ] _____

Thursday

- [ ] _____
- [ ] _____
- [ ] _____
- [ ] _____

Friday

- [ ] _____
- [ ] _____
- [ ] _____
- [ ] _____

Saturday

- [ ] _____
- [ ] _____
- [ ] _____
- [ ] _____

Sunday

- [ ] _____
- [ ] _____
- [ ] _____
- [ ] _____

Notes:
_____
_____
_____

Monday

- [ ] _____
- [ ] _____
- [ ] _____
- [ ] _____

Tuesday

- [ ] _____
- [ ] _____
- [ ] _____
- [ ] _____

Wednesday

- [ ] _____
- [ ] _____
- [ ] _____
- [ ] _____

Thursday

- [ ] _____
- [ ] _____
- [ ] _____
- [ ] _____

Friday

- [ ] _____
- [ ] _____
- [ ] _____
- [ ] _____

Saturday

- [ ] _____
- [ ] _____
- [ ] _____
- [ ] _____

Sunday

- [ ] _____
- [ ] _____
- [ ] _____
- [ ] _____

Notes:

_____
_____
_____
_____

Monday

- [ ] _____
- [ ] _____
- [ ] _____
- [ ] _____

Tuesday

- [ ] _____
- [ ] _____
- [ ] _____
- [ ] _____

Wednesday

- [ ] _____
- [ ] _____
- [ ] _____
- [ ] _____

Thursday

- [ ] _____
- [ ] _____
- [ ] _____
- [ ] _____

Friday

- [ ] _____
- [ ] _____
- [ ] _____
- [ ] _____

Saturday

- [ ] _____
- [ ] _____
- [ ] _____
- [ ] _____

Sunday

- [ ] _____
- [ ] _____
- [ ] _____
- [ ] _____

Notes:
_____
_____
_____

Monday

- [ ] _____
- [ ] _____
- [ ] _____
- [ ] _____

Tuesday

- [ ] _____
- [ ] _____
- [ ] _____
- [ ] _____

Wednesday

- [ ] _____
- [ ] _____
- [ ] _____
- [ ] _____

Thursday

- [ ] _____
- [ ] _____
- [ ] _____
- [ ] _____

Friday

- [ ] _____
- [ ] _____
- [ ] _____
- [ ] _____

Saturday

- [ ] _____
- [ ] _____
- [ ] _____
- [ ] _____

Sunday

- [ ] _____
- [ ] _____
- [ ] _____
- [ ] _____

Notes:
_____
_____
_____

Monday

- [ ] _____
- [ ] _____
- [ ] _____
- [ ] _____

Tuesday

- [ ] _____
- [ ] _____
- [ ] _____
- [ ] _____

Wednesday

- [ ] _____
- [ ] _____
- [ ] _____
- [ ] _____

Thursday

- [ ] _____
- [ ] _____
- [ ] _____
- [ ] _____

Friday

- [ ] _____
- [ ] _____
- [ ] _____
- [ ] _____

Saturday

- [ ] _____
- [ ] _____
- [ ] _____
- [ ] _____

Sunday

- [ ] _____
- [ ] _____
- [ ] _____
- [ ] _____

Notes:
_____
_____
_____

Monday

- [ ] _____
- [ ] _____
- [ ] _____
- [ ] _____

Tuesday

- [ ] _____
- [ ] _____
- [ ] _____
- [ ] _____

Wednesday

- [ ] _____
- [ ] _____
- [ ] _____
- [ ] _____

Thursday

- [ ] _____
- [ ] _____
- [ ] _____
- [ ] _____

Friday

- [ ] _____
- [ ] _____
- [ ] _____
- [ ] _____

Saturday

- [ ] _____
- [ ] _____
- [ ] _____
- [ ] _____

Sunday

- [ ] _____
- [ ] _____
- [ ] _____
- [ ] _____

Notes:
_____
_____
_____
_____

Monday

- _____
- _____
- _____
- _____

Tuesday

- _____
- _____
- _____
- _____

Wednesday

- _____
- _____
- _____
- _____

Thursday

- _____
- _____
- _____
- _____

Friday

- _____
- _____
- _____
- _____

Saturday

- _____
- _____
- _____
- _____

Sunday

- _____
- _____
- _____
- _____

Notes:

Monday
- [ ] _____
- [ ] _____
- [ ] _____
- [ ] _____

Tuesday
- [ ] _____
- [ ] _____
- [ ] _____
- [ ] _____

Wednesday
- [ ] _____
- [ ] _____
- [ ] _____
- [ ] _____

Thursday
- [ ] _____
- [ ] _____
- [ ] _____
- [ ] _____

Friday
- [ ] _____
- [ ] _____
- [ ] _____
- [ ] _____

Saturday
- [ ] _____
- [ ] _____
- [ ] _____
- [ ] _____

Sunday
- [ ] _____
- [ ] _____
- [ ] _____
- [ ] _____

Notes:
_____
_____
_____
_____

TASK	M	T	W	T	F	S	S
	☐	☐	☐	☐	☐	☐	☐
	☐	☐	☐	☐	☐	☐	☐
	☐	☐	☐	☐	☐	☐	☐
	☐	☐	☐	☐	☐	☐	☐
	☐	☐	☐	☐	☐	☐	☐
	☐	☐	☐	☐	☐	☐	☐
	☐	☐	☐	☐	☐	☐	☐
	☐	☐	☐	☐	☐	☐	☐
	☐	☐	☐	☐	☐	☐	☐
	☐	☐	☐	☐	☐	☐	☐
	☐	☐	☐	☐	☐	☐	☐
	☐	☐	☐	☐	☐	☐	☐
	☐	☐	☐	☐	☐	☐	☐
	☐	☐	☐	☐	☐	☐	☐
	☐	☐	☐	☐	☐	☐	☐
	☐	☐	☐	☐	☐	☐	☐
	☐	☐	☐	☐	☐	☐	☐

TASK	M	T	W	T	F	S	S
	☐	☐	☐	☐	☐	☐	☐
	☐	☐	☐	☐	☐	☐	☐
	☐	☐	☐	☐	☐	☐	☐
	☐	☐	☐	☐	☐	☐	☐
	☐	☐	☐	☐	☐	☐	☐
	☐	☐	☐	☐	☐	☐	☐
	☐	☐	☐	☐	☐	☐	☐
	☐	☐	☐	☐	☐	☐	☐
	☐	☐	☐	☐	☐	☐	☐
	☐	☐	☐	☐	☐	☐	☐
	☐	☐	☐	☐	☐	☐	☐
	☐	☐	☐	☐	☐	☐	☐
	☐	☐	☐	☐	☐	☐	☐
	☐	☐	☐	☐	☐	☐	☐
	☐	☐	☐	☐	☐	☐	☐
	☐	☐	☐	☐	☐	☐	☐
	☐	☐	☐	☐	☐	☐	☐

TASK	M	T	W	T	F	S	S
	☐	☐	☐	☐	☐	☐	☐
	☐	☐	☐	☐	☐	☐	☐
	☐	☐	☐	☐	☐	☐	☐
	☐	☐	☐	☐	☐	☐	☐
	☐	☐	☐	☐	☐	☐	☐
	☐	☐	☐	☐	☐	☐	☐
	☐	☐	☐	☐	☐	☐	☐
	☐	☐	☐	☐	☐	☐	☐
	☐	☐	☐	☐	☐	☐	☐
	☐	☐	☐	☐	☐	☐	☐
	☐	☐	☐	☐	☐	☐	☐
	☐	☐	☐	☐	☐	☐	☐
	☐	☐	☐	☐	☐	☐	☐
	☐	☐	☐	☐	☐	☐	☐
	☐	☐	☐	☐	☐	☐	☐
	☐	☐	☐	☐	☐	☐	☐
	☐	☐	☐	☐	☐	☐	☐

TASK	M	T	W	T	F	S	S
	☐	☐	☐	☐	☐	☐	☐
	☐	☐	☐	☐	☐	☐	☐
	☐	☐	☐	☐	☐	☐	☐
	☐	☐	☐	☐	☐	☐	☐
	☐	☐	☐	☐	☐	☐	☐
	☐	☐	☐	☐	☐	☐	☐
	☐	☐	☐	☐	☐	☐	☐
	☐	☐	☐	☐	☐	☐	☐
	☐	☐	☐	☐	☐	☐	☐
	☐	☐	☐	☐	☐	☐	☐
	☐	☐	☐	☐	☐	☐	☐
	☐	☐	☐	☐	☐	☐	☐
	☐	☐	☐	☐	☐	☐	☐
	☐	☐	☐	☐	☐	☐	☐
	☐	☐	☐	☐	☐	☐	☐
	☐	☐	☐	☐	☐	☐	☐
	☐	☐	☐	☐	☐	☐	☐

TASK	M	T	W	T	F	S	S
	☐	☐	☐	☐	☐	☐	☐
	☐	☐	☐	☐	☐	☐	☐
	☐	☐	☐	☐	☐	☐	☐
	☐	☐	☐	☐	☐	☐	☐
	☐	☐	☐	☐	☐	☐	☐
	☐	☐	☐	☐	☐	☐	☐
	☐	☐	☐	☐	☐	☐	☐
	☐	☐	☐	☐	☐	☐	☐
	☐	☐	☐	☐	☐	☐	☐
	☐	☐	☐	☐	☐	☐	☐
	☐	☐	☐	☐	☐	☐	☐
	☐	☐	☐	☐	☐	☐	☐
	☐	☐	☐	☐	☐	☐	☐
	☐	☐	☐	☐	☐	☐	☐
	☐	☐	☐	☐	☐	☐	☐
	☐	☐	☐	☐	☐	☐	☐
	☐	☐	☐	☐	☐	☐	☐

TASK	M	T	W	T	F	S	S
	☐	☐	☐	☐	☐	☐	☐
	☐	☐	☐	☐	☐	☐	☐
	☐	☐	☐	☐	☐	☐	☐
	☐	☐	☐	☐	☐	☐	☐
	☐	☐	☐	☐	☐	☐	☐
	☐	☐	☐	☐	☐	☐	☐
	☐	☐	☐	☐	☐	☐	☐
	☐	☐	☐	☐	☐	☐	☐
	☐	☐	☐	☐	☐	☐	☐
	☐	☐	☐	☐	☐	☐	☐
	☐	☐	☐	☐	☐	☐	☐
	☐	☐	☐	☐	☐	☐	☐
	☐	☐	☐	☐	☐	☐	☐
	☐	☐	☐	☐	☐	☐	☐
	☐	☐	☐	☐	☐	☐	☐
	☐	☐	☐	☐	☐	☐	☐
	☐	☐	☐	☐	☐	☐	☐

TASK	M	T	W	T	F	S	S
	☐	☐	☐	☐	☐	☐	☐
	☐	☐	☐	☐	☐	☐	☐
	☐	☐	☐	☐	☐	☐	☐
	☐	☐	☐	☐	☐	☐	☐
	☐	☐	☐	☐	☐	☐	☐
	☐	☐	☐	☐	☐	☐	☐
	☐	☐	☐	☐	☐	☐	☐
	☐	☐	☐	☐	☐	☐	☐
	☐	☐	☐	☐	☐	☐	☐
	☐	☐	☐	☐	☐	☐	☐
	☐	☐	☐	☐	☐	☐	☐
	☐	☐	☐	☐	☐	☐	☐
	☐	☐	☐	☐	☐	☐	☐
	☐	☐	☐	☐	☐	☐	☐
	☐	☐	☐	☐	☐	☐	☐
	☐	☐	☐	☐	☐	☐	☐
	☐	☐	☐	☐	☐	☐	☐

TASK	M	T	W	T	F	S	S
	☐	☐	☐	☐	☐	☐	☐
	☐	☐	☐	☐	☐	☐	☐
	☐	☐	☐	☐	☐	☐	☐
	☐	☐	☐	☐	☐	☐	☐
	☐	☐	☐	☐	☐	☐	☐
	☐	☐	☐	☐	☐	☐	☐
	☐	☐	☐	☐	☐	☐	☐
	☐	☐	☐	☐	☐	☐	☐
	☐	☐	☐	☐	☐	☐	☐
	☐	☐	☐	☐	☐	☐	☐
	☐	☐	☐	☐	☐	☐	☐
	☐	☐	☐	☐	☐	☐	☐
	☐	☐	☐	☐	☐	☐	☐
	☐	☐	☐	☐	☐	☐	☐
	☐	☐	☐	☐	☐	☐	☐
	☐	☐	☐	☐	☐	☐	☐

TASK	M	T	W	T	F	S	S
	☐	☐	☐	☐	☐	☐	☐
	☐	☐	☐	☐	☐	☐	☐
	☐	☐	☐	☐	☐	☐	☐
	☐	☐	☐	☐	☐	☐	☐
	☐	☐	☐	☐	☐	☐	☐
	☐	☐	☐	☐	☐	☐	☐
	☐	☐	☐	☐	☐	☐	☐
	☐	☐	☐	☐	☐	☐	☐
	☐	☐	☐	☐	☐	☐	☐
	☐	☐	☐	☐	☐	☐	☐
	☐	☐	☐	☐	☐	☐	☐
	☐	☐	☐	☐	☐	☐	☐
	☐	☐	☐	☐	☐	☐	☐
	☐	☐	☐	☐	☐	☐	☐
	☐	☐	☐	☐	☐	☐	☐
	☐	☐	☐	☐	☐	☐	☐

TASK	M	T	W	T	F	S	S
	☐	☐	☐	☐	☐	☐	☐
	☐	☐	☐	☐	☐	☐	☐
	☐	☐	☐	☐	☐	☐	☐
	☐	☐	☐	☐	☐	☐	☐
	☐	☐	☐	☐	☐	☐	☐
	☐	☐	☐	☐	☐	☐	☐
	☐	☐	☐	☐	☐	☐	☐
	☐	☐	☐	☐	☐	☐	☐
	☐	☐	☐	☐	☐	☐	☐
	☐	☐	☐	☐	☐	☐	☐
	☐	☐	☐	☐	☐	☐	☐
	☐	☐	☐	☐	☐	☐	☐
	☐	☐	☐	☐	☐	☐	☐
	☐	☐	☐	☐	☐	☐	☐
	☐	☐	☐	☐	☐	☐	☐
	☐	☐	☐	☐	☐	☐	☐
	☐	☐	☐	☐	☐	☐	☐

TASK	M	T	W	T	F	S	S
	☐	☐	☐	☐	☐	☐	☐
	☐	☐	☐	☐	☐	☐	☐
	☐	☐	☐	☐	☐	☐	☐
	☐	☐	☐	☐	☐	☐	☐
	☐	☐	☐	☐	☐	☐	☐
	☐	☐	☐	☐	☐	☐	☐
	☐	☐	☐	☐	☐	☐	☐
	☐	☐	☐	☐	☐	☐	☐
	☐	☐	☐	☐	☐	☐	☐
	☐	☐	☐	☐	☐	☐	☐
	☐	☐	☐	☐	☐	☐	☐
	☐	☐	☐	☐	☐	☐	☐
	☐	☐	☐	☐	☐	☐	☐
	☐	☐	☐	☐	☐	☐	☐
	☐	☐	☐	☐	☐	☐	☐
	☐	☐	☐	☐	☐	☐	☐
	☐	☐	☐	☐	☐	☐	☐

TASK	M	T	W	T	F	S	S
	☐	☐	☐	☐	☐	☐	☐
	☐	☐	☐	☐	☐	☐	☐
	☐	☐	☐	☐	☐	☐	☐
	☐	☐	☐	☐	☐	☐	☐
	☐	☐	☐	☐	☐	☐	☐
	☐	☐	☐	☐	☐	☐	☐
	☐	☐	☐	☐	☐	☐	☐
	☐	☐	☐	☐	☐	☐	☐
	☐	☐	☐	☐	☐	☐	☐
	☐	☐	☐	☐	☐	☐	☐
	☐	☐	☐	☐	☐	☐	☐
	☐	☐	☐	☐	☐	☐	☐
	☐	☐	☐	☐	☐	☐	☐
	☐	☐	☐	☐	☐	☐	☐
	☐	☐	☐	☐	☐	☐	☐
	☐	☐	☐	☐	☐	☐	☐
	☐	☐	☐	☐	☐	☐	☐

TASK	M	T	W	T	F	S	S
	☐	☐	☐	☐	☐	☐	☐
	☐	☐	☐	☐	☐	☐	☐
	☐	☐	☐	☐	☐	☐	☐
	☐	☐	☐	☐	☐	☐	☐
	☐	☐	☐	☐	☐	☐	☐
	☐	☐	☐	☐	☐	☐	☐
	☐	☐	☐	☐	☐	☐	☐
	☐	☐	☐	☐	☐	☐	☐
	☐	☐	☐	☐	☐	☐	☐
	☐	☐	☐	☐	☐	☐	☐
	☐	☐	☐	☐	☐	☐	☐
	☐	☐	☐	☐	☐	☐	☐
	☐	☐	☐	☐	☐	☐	☐
	☐	☐	☐	☐	☐	☐	☐
	☐	☐	☐	☐	☐	☐	☐
	☐	☐	☐	☐	☐	☐	☐
	☐	☐	☐	☐	☐	☐	☐

TASK	M	T	W	T	F	S	S
	☐	☐	☐	☐	☐	☐	☐
	☐	☐	☐	☐	☐	☐	☐
	☐	☐	☐	☐	☐	☐	☐
	☐	☐	☐	☐	☐	☐	☐
	☐	☐	☐	☐	☐	☐	☐
	☐	☐	☐	☐	☐	☐	☐
	☐	☐	☐	☐	☐	☐	☐
	☐	☐	☐	☐	☐	☐	☐
	☐	☐	☐	☐	☐	☐	☐
	☐	☐	☐	☐	☐	☐	☐
	☐	☐	☐	☐	☐	☐	☐
	☐	☐	☐	☐	☐	☐	☐
	☐	☐	☐	☐	☐	☐	☐
	☐	☐	☐	☐	☐	☐	☐
	☐	☐	☐	☐	☐	☐	☐
	☐	☐	☐	☐	☐	☐	☐

TASK	M	T	W	T	F	S	S
	☐	☐	☐	☐	☐	☐	☐
	☐	☐	☐	☐	☐	☐	☐
	☐	☐	☐	☐	☐	☐	☐
	☐	☐	☐	☐	☐	☐	☐
	☐	☐	☐	☐	☐	☐	☐
	☐	☐	☐	☐	☐	☐	☐
	☐	☐	☐	☐	☐	☐	☐
	☐	☐	☐	☐	☐	☐	☐
	☐	☐	☐	☐	☐	☐	☐
	☐	☐	☐	☐	☐	☐	☐
	☐	☐	☐	☐	☐	☐	☐
	☐	☐	☐	☐	☐	☐	☐
	☐	☐	☐	☐	☐	☐	☐
	☐	☐	☐	☐	☐	☐	☐
	☐	☐	☐	☐	☐	☐	☐
	☐	☐	☐	☐	☐	☐	☐

TASK	M	T	W	T	F	S	S
	☐	☐	☐	☐	☐	☐	☐
	☐	☐	☐	☐	☐	☐	☐
	☐	☐	☐	☐	☐	☐	☐
	☐	☐	☐	☐	☐	☐	☐
	☐	☐	☐	☐	☐	☐	☐
	☐	☐	☐	☐	☐	☐	☐
	☐	☐	☐	☐	☐	☐	☐
	☐	☐	☐	☐	☐	☐	☐
	☐	☐	☐	☐	☐	☐	☐
	☐	☐	☐	☐	☐	☐	☐
	☐	☐	☐	☐	☐	☐	☐
	☐	☐	☐	☐	☐	☐	☐
	☐	☐	☐	☐	☐	☐	☐
	☐	☐	☐	☐	☐	☐	☐
	☐	☐	☐	☐	☐	☐	☐
	☐	☐	☐	☐	☐	☐	☐

TASK	M	T	W	T	F	S	S
	☐	☐	☐	☐	☐	☐	☐
	☐	☐	☐	☐	☐	☐	☐
	☐	☐	☐	☐	☐	☐	☐
	☐	☐	☐	☐	☐	☐	☐
	☐	☐	☐	☐	☐	☐	☐
	☐	☐	☐	☐	☐	☐	☐
	☐	☐	☐	☐	☐	☐	☐
	☐	☐	☐	☐	☐	☐	☐
	☐	☐	☐	☐	☐	☐	☐
	☐	☐	☐	☐	☐	☐	☐
	☐	☐	☐	☐	☐	☐	☐
	☐	☐	☐	☐	☐	☐	☐
	☐	☐	☐	☐	☐	☐	☐
	☐	☐	☐	☐	☐	☐	☐
	☐	☐	☐	☐	☐	☐	☐
	☐	☐	☐	☐	☐	☐	☐
	☐	☐	☐	☐	☐	☐	☐

TASK	M	T	W	T	F	S	S
	☐	☐	☐	☐	☐	☐	☐
	☐	☐	☐	☐	☐	☐	☐
	☐	☐	☐	☐	☐	☐	☐
	☐	☐	☐	☐	☐	☐	☐
	☐	☐	☐	☐	☐	☐	☐
	☐	☐	☐	☐	☐	☐	☐
	☐	☐	☐	☐	☐	☐	☐
	☐	☐	☐	☐	☐	☐	☐
	☐	☐	☐	☐	☐	☐	☐
	☐	☐	☐	☐	☐	☐	☐
	☐	☐	☐	☐	☐	☐	☐
	☐	☐	☐	☐	☐	☐	☐
	☐	☐	☐	☐	☐	☐	☐
	☐	☐	☐	☐	☐	☐	☐
	☐	☐	☐	☐	☐	☐	☐
	☐	☐	☐	☐	☐	☐	☐

TASK	M	T	W	T	F	S	S
	☐	☐	☐	☐	☐	☐	☐
	☐	☐	☐	☐	☐	☐	☐
	☐	☐	☐	☐	☐	☐	☐
	☐	☐	☐	☐	☐	☐	☐
	☐	☐	☐	☐	☐	☐	☐
	☐	☐	☐	☐	☐	☐	☐
	☐	☐	☐	☐	☐	☐	☐
	☐	☐	☐	☐	☐	☐	☐
	☐	☐	☐	☐	☐	☐	☐
	☐	☐	☐	☐	☐	☐	☐
	☐	☐	☐	☐	☐	☐	☐
	☐	☐	☐	☐	☐	☐	☐
	☐	☐	☐	☐	☐	☐	☐
	☐	☐	☐	☐	☐	☐	☐
	☐	☐	☐	☐	☐	☐	☐
	☐	☐	☐	☐	☐	☐	☐
	☐	☐	☐	☐	☐	☐	☐

TASK	M	T	W	T	F	S	S
	☐	☐	☐	☐	☐	☐	☐
	☐	☐	☐	☐	☐	☐	☐
	☐	☐	☐	☐	☐	☐	☐
	☐	☐	☐	☐	☐	☐	☐
	☐	☐	☐	☐	☐	☐	☐
	☐	☐	☐	☐	☐	☐	☐
	☐	☐	☐	☐	☐	☐	☐
	☐	☐	☐	☐	☐	☐	☐
	☐	☐	☐	☐	☐	☐	☐
	☐	☐	☐	☐	☐	☐	☐
	☐	☐	☐	☐	☐	☐	☐
	☐	☐	☐	☐	☐	☐	☐
	☐	☐	☐	☐	☐	☐	☐
	☐	☐	☐	☐	☐	☐	☐
	☐	☐	☐	☐	☐	☐	☐
	☐	☐	☐	☐	☐	☐	☐
	☐	☐	☐	☐	☐	☐	☐

TASK	M	T	W	T	F	S	S
	☐	☐	☐	☐	☐	☐	☐
	☐	☐	☐	☐	☐	☐	☐
	☐	☐	☐	☐	☐	☐	☐
	☐	☐	☐	☐	☐	☐	☐
	☐	☐	☐	☐	☐	☐	☐
	☐	☐	☐	☐	☐	☐	☐
	☐	☐	☐	☐	☐	☐	☐
	☐	☐	☐	☐	☐	☐	☐
	☐	☐	☐	☐	☐	☐	☐
	☐	☐	☐	☐	☐	☐	☐
	☐	☐	☐	☐	☐	☐	☐
	☐	☐	☐	☐	☐	☐	☐
	☐	☐	☐	☐	☐	☐	☐
	☐	☐	☐	☐	☐	☐	☐
	☐	☐	☐	☐	☐	☐	☐
	☐	☐	☐	☐	☐	☐	☐
	☐	☐	☐	☐	☐	☐	☐

TASK	M	T	W	T	F	S	S
	☐	☐	☐	☐	☐	☐	☐
	☐	☐	☐	☐	☐	☐	☐
	☐	☐	☐	☐	☐	☐	☐
	☐	☐	☐	☐	☐	☐	☐
	☐	☐	☐	☐	☐	☐	☐
	☐	☐	☐	☐	☐	☐	☐
	☐	☐	☐	☐	☐	☐	☐
	☐	☐	☐	☐	☐	☐	☐
	☐	☐	☐	☐	☐	☐	☐
	☐	☐	☐	☐	☐	☐	☐
	☐	☐	☐	☐	☐	☐	☐
	☐	☐	☐	☐	☐	☐	☐
	☐	☐	☐	☐	☐	☐	☐
	☐	☐	☐	☐	☐	☐	☐
	☐	☐	☐	☐	☐	☐	☐
	☐	☐	☐	☐	☐	☐	☐
	☐	☐	☐	☐	☐	☐	☐

TASK	M	T	W	T	F	S	S
	☐	☐	☐	☐	☐	☐	☐
	☐	☐	☐	☐	☐	☐	☐
	☐	☐	☐	☐	☐	☐	☐
	☐	☐	☐	☐	☐	☐	☐
	☐	☐	☐	☐	☐	☐	☐
	☐	☐	☐	☐	☐	☐	☐
	☐	☐	☐	☐	☐	☐	☐
	☐	☐	☐	☐	☐	☐	☐
	☐	☐	☐	☐	☐	☐	☐
	☐	☐	☐	☐	☐	☐	☐
	☐	☐	☐	☐	☐	☐	☐
	☐	☐	☐	☐	☐	☐	☐
	☐	☐	☐	☐	☐	☐	☐
	☐	☐	☐	☐	☐	☐	☐
	☐	☐	☐	☐	☐	☐	☐
	☐	☐	☐	☐	☐	☐	☐
	☐	☐	☐	☐	☐	☐	☐

TASK	M	T	W	T	F	S	S
	☐	☐	☐	☐	☐	☐	☐
	☐	☐	☐	☐	☐	☐	☐
	☐	☐	☐	☐	☐	☐	☐
	☐	☐	☐	☐	☐	☐	☐
	☐	☐	☐	☐	☐	☐	☐
	☐	☐	☐	☐	☐	☐	☐
	☐	☐	☐	☐	☐	☐	☐
	☐	☐	☐	☐	☐	☐	☐
	☐	☐	☐	☐	☐	☐	☐
	☐	☐	☐	☐	☐	☐	☐
	☐	☐	☐	☐	☐	☐	☐
	☐	☐	☐	☐	☐	☐	☐
	☐	☐	☐	☐	☐	☐	☐
	☐	☐	☐	☐	☐	☐	☐
	☐	☐	☐	☐	☐	☐	☐
	☐	☐	☐	☐	☐	☐	☐
	☐	☐	☐	☐	☐	☐	☐

TASK	M	T	W	T	F	S	S
	☐	☐	☐	☐	☐	☐	☐
	☐	☐	☐	☐	☐	☐	☐
	☐	☐	☐	☐	☐	☐	☐
	☐	☐	☐	☐	☐	☐	☐
	☐	☐	☐	☐	☐	☐	☐
	☐	☐	☐	☐	☐	☐	☐
	☐	☐	☐	☐	☐	☐	☐
	☐	☐	☐	☐	☐	☐	☐
	☐	☐	☐	☐	☐	☐	☐
	☐	☐	☐	☐	☐	☐	☐
	☐	☐	☐	☐	☐	☐	☐
	☐	☐	☐	☐	☐	☐	☐
	☐	☐	☐	☐	☐	☐	☐
	☐	☐	☐	☐	☐	☐	☐
	☐	☐	☐	☐	☐	☐	☐
	☐	☐	☐	☐	☐	☐	☐
	☐	☐	☐	☐	☐	☐	☐

TASK	M	T	W	T	F	S	S
	☐	☐	☐	☐	☐	☐	☐
	☐	☐	☐	☐	☐	☐	☐
	☐	☐	☐	☐	☐	☐	☐
	☐	☐	☐	☐	☐	☐	☐
	☐	☐	☐	☐	☐	☐	☐
	☐	☐	☐	☐	☐	☐	☐
	☐	☐	☐	☐	☐	☐	☐
	☐	☐	☐	☐	☐	☐	☐
	☐	☐	☐	☐	☐	☐	☐
	☐	☐	☐	☐	☐	☐	☐
	☐	☐	☐	☐	☐	☐	☐
	☐	☐	☐	☐	☐	☐	☐
	☐	☐	☐	☐	☐	☐	☐
	☐	☐	☐	☐	☐	☐	☐
	☐	☐	☐	☐	☐	☐	☐
	☐	☐	☐	☐	☐	☐	☐
	☐	☐	☐	☐	☐	☐	☐

TASK	M	T	W	T	F	S	S
	☐	☐	☐	☐	☐	☐	☐
	☐	☐	☐	☐	☐	☐	☐
	☐	☐	☐	☐	☐	☐	☐
	☐	☐	☐	☐	☐	☐	☐
	☐	☐	☐	☐	☐	☐	☐
	☐	☐	☐	☐	☐	☐	☐
	☐	☐	☐	☐	☐	☐	☐
	☐	☐	☐	☐	☐	☐	☐
	☐	☐	☐	☐	☐	☐	☐
	☐	☐	☐	☐	☐	☐	☐
	☐	☐	☐	☐	☐	☐	☐
	☐	☐	☐	☐	☐	☐	☐
	☐	☐	☐	☐	☐	☐	☐
	☐	☐	☐	☐	☐	☐	☐
	☐	☐	☐	☐	☐	☐	☐
	☐	☐	☐	☐	☐	☐	☐
	☐	☐	☐	☐	☐	☐	☐

TASK	M	T	W	T	F	S	S
	☐	☐	☐	☐	☐	☐	☐
	☐	☐	☐	☐	☐	☐	☐
	☐	☐	☐	☐	☐	☐	☐
	☐	☐	☐	☐	☐	☐	☐
	☐	☐	☐	☐	☐	☐	☐
	☐	☐	☐	☐	☐	☐	☐
	☐	☐	☐	☐	☐	☐	☐
	☐	☐	☐	☐	☐	☐	☐
	☐	☐	☐	☐	☐	☐	☐
	☐	☐	☐	☐	☐	☐	☐
	☐	☐	☐	☐	☐	☐	☐
	☐	☐	☐	☐	☐	☐	☐
	☐	☐	☐	☐	☐	☐	☐
	☐	☐	☐	☐	☐	☐	☐
	☐	☐	☐	☐	☐	☐	☐
	☐	☐	☐	☐	☐	☐	☐

TASK	M	T	W	T	F	S	S
	☐	☐	☐	☐	☐	☐	☐
	☐	☐	☐	☐	☐	☐	☐
	☐	☐	☐	☐	☐	☐	☐
	☐	☐	☐	☐	☐	☐	☐
	☐	☐	☐	☐	☐	☐	☐
	☐	☐	☐	☐	☐	☐	☐
	☐	☐	☐	☐	☐	☐	☐
	☐	☐	☐	☐	☐	☐	☐
	☐	☐	☐	☐	☐	☐	☐
	☐	☐	☐	☐	☐	☐	☐
	☐	☐	☐	☐	☐	☐	☐
	☐	☐	☐	☐	☐	☐	☐
	☐	☐	☐	☐	☐	☐	☐
	☐	☐	☐	☐	☐	☐	☐
	☐	☐	☐	☐	☐	☐	☐
	☐	☐	☐	☐	☐	☐	☐

TASK	M	T	W	T	F	S	S
	☐	☐	☐	☐	☐	☐	☐
	☐	☐	☐	☐	☐	☐	☐
	☐	☐	☐	☐	☐	☐	☐
	☐	☐	☐	☐	☐	☐	☐
	☐	☐	☐	☐	☐	☐	☐
	☐	☐	☐	☐	☐	☐	☐
	☐	☐	☐	☐	☐	☐	☐
	☐	☐	☐	☐	☐	☐	☐
	☐	☐	☐	☐	☐	☐	☐
	☐	☐	☐	☐	☐	☐	☐
	☐	☐	☐	☐	☐	☐	☐
	☐	☐	☐	☐	☐	☐	☐
	☐	☐	☐	☐	☐	☐	☐
	☐	☐	☐	☐	☐	☐	☐
	☐	☐	☐	☐	☐	☐	☐
	☐	☐	☐	☐	☐	☐	☐
	☐	☐	☐	☐	☐	☐	☐

TASK	M	T	W	T	F	S	S
	☐	☐	☐	☐	☐	☐	☐
	☐	☐	☐	☐	☐	☐	☐
	☐	☐	☐	☐	☐	☐	☐
	☐	☐	☐	☐	☐	☐	☐
	☐	☐	☐	☐	☐	☐	☐
	☐	☐	☐	☐	☐	☐	☐
	☐	☐	☐	☐	☐	☐	☐
	☐	☐	☐	☐	☐	☐	☐
	☐	☐	☐	☐	☐	☐	☐
	☐	☐	☐	☐	☐	☐	☐
	☐	☐	☐	☐	☐	☐	☐
	☐	☐	☐	☐	☐	☐	☐
	☐	☐	☐	☐	☐	☐	☐
	☐	☐	☐	☐	☐	☐	☐
	☐	☐	☐	☐	☐	☐	☐
	☐	☐	☐	☐	☐	☐	☐
	☐	☐	☐	☐	☐	☐	☐

TASK	M	T	W	T	F	S	S
	☐	☐	☐	☐	☐	☐	☐
	☐	☐	☐	☐	☐	☐	☐
	☐	☐	☐	☐	☐	☐	☐
	☐	☐	☐	☐	☐	☐	☐
	☐	☐	☐	☐	☐	☐	☐
	☐	☐	☐	☐	☐	☐	☐
	☐	☐	☐	☐	☐	☐	☐
	☐	☐	☐	☐	☐	☐	☐
	☐	☐	☐	☐	☐	☐	☐
	☐	☐	☐	☐	☐	☐	☐
	☐	☐	☐	☐	☐	☐	☐
	☐	☐	☐	☐	☐	☐	☐
	☐	☐	☐	☐	☐	☐	☐
	☐	☐	☐	☐	☐	☐	☐
	☐	☐	☐	☐	☐	☐	☐
	☐	☐	☐	☐	☐	☐	☐
	☐	☐	☐	☐	☐	☐	☐

TASK	M	T	W	T	F	S	S
	☐	☐	☐	☐	☐	☐	☐
	☐	☐	☐	☐	☐	☐	☐
	☐	☐	☐	☐	☐	☐	☐
	☐	☐	☐	☐	☐	☐	☐
	☐	☐	☐	☐	☐	☐	☐
	☐	☐	☐	☐	☐	☐	☐
	☐	☐	☐	☐	☐	☐	☐
	☐	☐	☐	☐	☐	☐	☐
	☐	☐	☐	☐	☐	☐	☐
	☐	☐	☐	☐	☐	☐	☐
	☐	☐	☐	☐	☐	☐	☐
	☐	☐	☐	☐	☐	☐	☐
	☐	☐	☐	☐	☐	☐	☐
	☐	☐	☐	☐	☐	☐	☐
	☐	☐	☐	☐	☐	☐	☐
	☐	☐	☐	☐	☐	☐	☐
	☐	☐	☐	☐	☐	☐	☐

TASK	M	T	W	T	F	S	S
	☐	☐	☐	☐	☐	☐	☐
	☐	☐	☐	☐	☐	☐	☐
	☐	☐	☐	☐	☐	☐	☐
	☐	☐	☐	☐	☐	☐	☐
	☐	☐	☐	☐	☐	☐	☐
	☐	☐	☐	☐	☐	☐	☐
	☐	☐	☐	☐	☐	☐	☐
	☐	☐	☐	☐	☐	☐	☐
	☐	☐	☐	☐	☐	☐	☐
	☐	☐	☐	☐	☐	☐	☐
	☐	☐	☐	☐	☐	☐	☐
	☐	☐	☐	☐	☐	☐	☐
	☐	☐	☐	☐	☐	☐	☐
	☐	☐	☐	☐	☐	☐	☐
	☐	☐	☐	☐	☐	☐	☐
	☐	☐	☐	☐	☐	☐	☐
	☐	☐	☐	☐	☐	☐	☐

TASK	M	T	W	T	F	S	S

TASK	M	T	W	T	F	S	S
	☐	☐	☐	☐	☐	☐	☐
	☐	☐	☐	☐	☐	☐	☐
	☐	☐	☐	☐	☐	☐	☐
	☐	☐	☐	☐	☐	☐	☐
	☐	☐	☐	☐	☐	☐	☐
	☐	☐	☐	☐	☐	☐	☐
	☐	☐	☐	☐	☐	☐	☐
	☐	☐	☐	☐	☐	☐	☐
	☐	☐	☐	☐	☐	☐	☐
	☐	☐	☐	☐	☐	☐	☐
	☐	☐	☐	☐	☐	☐	☐
	☐	☐	☐	☐	☐	☐	☐
	☐	☐	☐	☐	☐	☐	☐
	☐	☐	☐	☐	☐	☐	☐
	☐	☐	☐	☐	☐	☐	☐
	☐	☐	☐	☐	☐	☐	☐
	☐	☐	☐	☐	☐	☐	☐

TASK	M	T	W	T	F	S	S
	☐	☐	☐	☐	☐	☐	☐
	☐	☐	☐	☐	☐	☐	☐
	☐	☐	☐	☐	☐	☐	☐
	☐	☐	☐	☐	☐	☐	☐
	☐	☐	☐	☐	☐	☐	☐
	☐	☐	☐	☐	☐	☐	☐
	☐	☐	☐	☐	☐	☐	☐
	☐	☐	☐	☐	☐	☐	☐
	☐	☐	☐	☐	☐	☐	☐
	☐	☐	☐	☐	☐	☐	☐
	☐	☐	☐	☐	☐	☐	☐
	☐	☐	☐	☐	☐	☐	☐
	☐	☐	☐	☐	☐	☐	☐
	☐	☐	☐	☐	☐	☐	☐
	☐	☐	☐	☐	☐	☐	☐
	☐	☐	☐	☐	☐	☐	☐
	☐	☐	☐	☐	☐	☐	☐

TASK	M	T	W	T	F	S	S
	☐	☐	☐	☐	☐	☐	☐
	☐	☐	☐	☐	☐	☐	☐
	☐	☐	☐	☐	☐	☐	☐
	☐	☐	☐	☐	☐	☐	☐
	☐	☐	☐	☐	☐	☐	☐
	☐	☐	☐	☐	☐	☐	☐
	☐	☐	☐	☐	☐	☐	☐
	☐	☐	☐	☐	☐	☐	☐
	☐	☐	☐	☐	☐	☐	☐
	☐	☐	☐	☐	☐	☐	☐
	☐	☐	☐	☐	☐	☐	☐
	☐	☐	☐	☐	☐	☐	☐
	☐	☐	☐	☐	☐	☐	☐
	☐	☐	☐	☐	☐	☐	☐
	☐	☐	☐	☐	☐	☐	☐
	☐	☐	☐	☐	☐	☐	☐

TASK	M	T	W	T	F	S	S
	☐	☐	☐	☐	☐	☐	☐
	☐	☐	☐	☐	☐	☐	☐
	☐	☐	☐	☐	☐	☐	☐
	☐	☐	☐	☐	☐	☐	☐
	☐	☐	☐	☐	☐	☐	☐
	☐	☐	☐	☐	☐	☐	☐
	☐	☐	☐	☐	☐	☐	☐
	☐	☐	☐	☐	☐	☐	☐
	☐	☐	☐	☐	☐	☐	☐
	☐	☐	☐	☐	☐	☐	☐
	☐	☐	☐	☐	☐	☐	☐
	☐	☐	☐	☐	☐	☐	☐
	☐	☐	☐	☐	☐	☐	☐
	☐	☐	☐	☐	☐	☐	☐
	☐	☐	☐	☐	☐	☐	☐
	☐	☐	☐	☐	☐	☐	☐
	☐	☐	☐	☐	☐	☐	☐

TASK	M	T	W	T	F	S	S
	☐	☐	☐	☐	☐	☐	☐
	☐	☐	☐	☐	☐	☐	☐
	☐	☐	☐	☐	☐	☐	☐
	☐	☐	☐	☐	☐	☐	☐
	☐	☐	☐	☐	☐	☐	☐
	☐	☐	☐	☐	☐	☐	☐
	☐	☐	☐	☐	☐	☐	☐
	☐	☐	☐	☐	☐	☐	☐
	☐	☐	☐	☐	☐	☐	☐
	☐	☐	☐	☐	☐	☐	☐
	☐	☐	☐	☐	☐	☐	☐
	☐	☐	☐	☐	☐	☐	☐
	☐	☐	☐	☐	☐	☐	☐

	M	T	W	T	F	S	S
	☐	☐	☐	☐	☐	☐	☐
	☐	☐	☐	☐	☐	☐	☐
	☐	☐	☐	☐	☐	☐	☐

TASK	M	T	W	T	F	S	S
	☐	☐	☐	☐	☐	☐	☐
	☐	☐	☐	☐	☐	☐	☐
	☐	☐	☐	☐	☐	☐	☐
	☐	☐	☐	☐	☐	☐	☐
	☐	☐	☐	☐	☐	☐	☐
	☐	☐	☐	☐	☐	☐	☐
	☐	☐	☐	☐	☐	☐	☐
	☐	☐	☐	☐	☐	☐	☐
	☐	☐	☐	☐	☐	☐	☐
	☐	☐	☐	☐	☐	☐	☐
	☐	☐	☐	☐	☐	☐	☐
	☐	☐	☐	☐	☐	☐	☐
	☐	☐	☐	☐	☐	☐	☐
	☐	☐	☐	☐	☐	☐	☐
	☐	☐	☐	☐	☐	☐	☐
	☐	☐	☐	☐	☐	☐	☐

TASK	M	T	W	T	F	S	S
	☐	☐	☐	☐	☐	☐	☐
	☐	☐	☐	☐	☐	☐	☐
	☐	☐	☐	☐	☐	☐	☐
	☐	☐	☐	☐	☐	☐	☐
	☐	☐	☐	☐	☐	☐	☐
	☐	☐	☐	☐	☐	☐	☐
	☐	☐	☐	☐	☐	☐	☐
	☐	☐	☐	☐	☐	☐	☐
	☐	☐	☐	☐	☐	☐	☐
	☐	☐	☐	☐	☐	☐	☐
	☐	☐	☐	☐	☐	☐	☐
	☐	☐	☐	☐	☐	☐	☐
	☐	☐	☐	☐	☐	☐	☐
	☐	☐	☐	☐	☐	☐	☐
	☐	☐	☐	☐	☐	☐	☐
	☐	☐	☐	☐	☐	☐	☐

TASK	M	T	W	T	F	S	S
	☐	☐	☐	☐	☐	☐	☐
	☐	☐	☐	☐	☐	☐	☐
	☐	☐	☐	☐	☐	☐	☐
	☐	☐	☐	☐	☐	☐	☐
	☐	☐	☐	☐	☐	☐	☐
	☐	☐	☐	☐	☐	☐	☐
	☐	☐	☐	☐	☐	☐	☐
	☐	☐	☐	☐	☐	☐	☐
	☐	☐	☐	☐	☐	☐	☐
	☐	☐	☐	☐	☐	☐	☐
	☐	☐	☐	☐	☐	☐	☐
	☐	☐	☐	☐	☐	☐	☐
	☐	☐	☐	☐	☐	☐	☐
	☐	☐	☐	☐	☐	☐	☐
	☐	☐	☐	☐	☐	☐	☐
	☐	☐	☐	☐	☐	☐	☐
	☐	☐	☐	☐	☐	☐	☐

TASK	M	T	W	T	F	S	S
	☐	☐	☐	☐	☐	☐	☐
	☐	☐	☐	☐	☐	☐	☐
	☐	☐	☐	☐	☐	☐	☐
	☐	☐	☐	☐	☐	☐	☐
	☐	☐	☐	☐	☐	☐	☐
	☐	☐	☐	☐	☐	☐	☐
	☐	☐	☐	☐	☐	☐	☐
	☐	☐	☐	☐	☐	☐	☐
	☐	☐	☐	☐	☐	☐	☐
	☐	☐	☐	☐	☐	☐	☐
	☐	☐	☐	☐	☐	☐	☐
	☐	☐	☐	☐	☐	☐	☐
	☐	☐	☐	☐	☐	☐	☐
	☐	☐	☐	☐	☐	☐	☐
	☐	☐	☐	☐	☐	☐	☐
	☐	☐	☐	☐	☐	☐	☐
	☐	☐	☐	☐	☐	☐	☐

TASK	M	T	W	T	F	S	S
	☐	☐	☐	☐	☐	☐	☐
	☐	☐	☐	☐	☐	☐	☐
	☐	☐	☐	☐	☐	☐	☐
	☐	☐	☐	☐	☐	☐	☐
	☐	☐	☐	☐	☐	☐	☐
	☐	☐	☐	☐	☐	☐	☐
	☐	☐	☐	☐	☐	☐	☐
	☐	☐	☐	☐	☐	☐	☐
	☐	☐	☐	☐	☐	☐	☐
	☐	☐	☐	☐	☐	☐	☐
	☐	☐	☐	☐	☐	☐	☐
	☐	☐	☐	☐	☐	☐	☐
	☐	☐	☐	☐	☐	☐	☐
	☐	☐	☐	☐	☐	☐	☐
	☐	☐	☐	☐	☐	☐	☐
	☐	☐	☐	☐	☐	☐	☐
	☐	☐	☐	☐	☐	☐	☐

TASK	M	T	W	T	F	S	S
	☐	☐	☐	☐	☐	☐	☐
	☐	☐	☐	☐	☐	☐	☐
	☐	☐	☐	☐	☐	☐	☐
	☐	☐	☐	☐	☐	☐	☐
	☐	☐	☐	☐	☐	☐	☐
	☐	☐	☐	☐	☐	☐	☐
	☐	☐	☐	☐	☐	☐	☐
	☐	☐	☐	☐	☐	☐	☐
	☐	☐	☐	☐	☐	☐	☐
	☐	☐	☐	☐	☐	☐	☐
	☐	☐	☐	☐	☐	☐	☐
	☐	☐	☐	☐	☐	☐	☐
	☐	☐	☐	☐	☐	☐	☐
	☐	☐	☐	☐	☐	☐	☐
	☐	☐	☐	☐	☐	☐	☐
	☐	☐	☐	☐	☐	☐	☐
	☐	☐	☐	☐	☐	☐	☐

TASK	M	T	W	T	F	S	S
	☐	☐	☐	☐	☐	☐	☐
	☐	☐	☐	☐	☐	☐	☐
	☐	☐	☐	☐	☐	☐	☐
	☐	☐	☐	☐	☐	☐	☐
	☐	☐	☐	☐	☐	☐	☐
	☐	☐	☐	☐	☐	☐	☐
	☐	☐	☐	☐	☐	☐	☐
	☐	☐	☐	☐	☐	☐	☐
	☐	☐	☐	☐	☐	☐	☐
	☐	☐	☐	☐	☐	☐	☐
	☐	☐	☐	☐	☐	☐	☐
	☐	☐	☐	☐	☐	☐	☐
	☐	☐	☐	☐	☐	☐	☐
	☐	☐	☐	☐	☐	☐	☐
	☐	☐	☐	☐	☐	☐	☐
	☐	☐	☐	☐	☐	☐	☐

TASK	M	T	W	T	F	S	S
	☐	☐	☐	☐	☐	☐	☐
	☐	☐	☐	☐	☐	☐	☐
	☐	☐	☐	☐	☐	☐	☐
	☐	☐	☐	☐	☐	☐	☐
	☐	☐	☐	☐	☐	☐	☐
	☐	☐	☐	☐	☐	☐	☐
	☐	☐	☐	☐	☐	☐	☐
	☐	☐	☐	☐	☐	☐	☐
	☐	☐	☐	☐	☐	☐	☐
	☐	☐	☐	☐	☐	☐	☐
	☐	☐	☐	☐	☐	☐	☐
	☐	☐	☐	☐	☐	☐	☐
	☐	☐	☐	☐	☐	☐	☐
	☐	☐	☐	☐	☐	☐	☐
	☐	☐	☐	☐	☐	☐	☐
	☐	☐	☐	☐	☐	☐	☐

TASK	M	T	W	T	F	S	S
	☐	☐	☐	☐	☐	☐	☐
	☐	☐	☐	☐	☐	☐	☐
	☐	☐	☐	☐	☐	☐	☐
	☐	☐	☐	☐	☐	☐	☐
	☐	☐	☐	☐	☐	☐	☐
	☐	☐	☐	☐	☐	☐	☐
	☐	☐	☐	☐	☐	☐	☐
	☐	☐	☐	☐	☐	☐	☐
	☐	☐	☐	☐	☐	☐	☐
	☐	☐	☐	☐	☐	☐	☐
	☐	☐	☐	☐	☐	☐	☐
	☐	☐	☐	☐	☐	☐	☐
	☐	☐	☐	☐	☐	☐	☐
	☐	☐	☐	☐	☐	☐	☐
	☐	☐	☐	☐	☐	☐	☐
	☐	☐	☐	☐	☐	☐	☐
	☐	☐	☐	☐	☐	☐	☐

TASK	M	T	W	T	F	S	S
	☐	☐	☐	☐	☐	☐	☐
	☐	☐	☐	☐	☐	☐	☐
	☐	☐	☐	☐	☐	☐	☐
	☐	☐	☐	☐	☐	☐	☐
	☐	☐	☐	☐	☐	☐	☐
	☐	☐	☐	☐	☐	☐	☐
	☐	☐	☐	☐	☐	☐	☐
	☐	☐	☐	☐	☐	☐	☐
	☐	☐	☐	☐	☐	☐	☐
	☐	☐	☐	☐	☐	☐	☐
	☐	☐	☐	☐	☐	☐	☐
	☐	☐	☐	☐	☐	☐	☐
	☐	☐	☐	☐	☐	☐	☐
	☐	☐	☐	☐	☐	☐	☐
	☐	☐	☐	☐	☐	☐	☐
	☐	☐	☐	☐	☐	☐	☐
	☐	☐	☐	☐	☐	☐	☐

EXPENSES

DATE	EXPENSE TYPE	CATEGORY	METHOD	AMOUNT
			TOTAL:	

EXPENSES

DATE	EXPENSE TYPE	CATEGORY	METHOD	AMOUNT
			TOTAL:	

EXPENSES

DATE	EXPENSE TYPE	CATEGORY	METHOD	AMOUNT
			TOTAL:	

EXPENSES

DATE	EXPENSE TYPE	CATEGORY	METHOD	AMOUNT
			TOTAL:	

EXPENSES

DATE	EXPENSE TYPE	CATEGORY	METHOD	AMOUNT
			TOTAL:	

EXPENSES

DATE	EXPENSE TYPE	CATEGORY	METHOD	AMOUNT
			TOTAL:	

EXPENSES

DATE	EXPENSE TYPE	CATEGORY	METHOD	AMOUNT
			TOTAL:	

EXPENSES

DATE	EXPENSE TYPE	CATEGORY	METHOD	AMOUNT
			TOTAL:	

EXPENSES

DATE	EXPENSE TYPE	CATEGORY	METHOD	AMOUNT
			TOTAL:	

EXPENSES

DATE	EXPENSE TYPE	CATEGORY	METHOD	AMOUNT
			TOTAL:	

EXPENSES

DATE	EXPENSE TYPE	CATEGORY	METHOD	AMOUNT
			TOTAL:	

EXPENSES

DATE	EXPENSE TYPE	CATEGORY	METHOD	AMOUNT
			TOTAL:	

EXPENSES

DATE	EXPENSE TYPE	CATEGORY	METHOD	AMOUNT
				TOTAL:

EXPENSES

DATE	EXPENSE TYPE	CATEGORY	METHOD	AMOUNT
				TOTAL:

EXPENSES

DATE	EXPENSE TYPE	CATEGORY	METHOD	AMOUNT
			TOTAL:	

EXPENSES

DATE	EXPENSE TYPE	CATEGORY	METHOD	AMOUNT
			TOTAL:	

EXPENSES

DATE	EXPENSE TYPE	CATEGORY	METHOD	AMOUNT
			TOTAL:	

EXPENSES

DATE	EXPENSE TYPE	CATEGORY	METHOD	AMOUNT
			TOTAL:	

EXPENSES

DATE	EXPENSE TYPE	CATEGORY	METHOD	AMOUNT
			TOTAL:	

EXPENSES

DATE	EXPENSE TYPE	CATEGORY	METHOD	AMOUNT
			TOTAL:	

EXPENSES

DATE	EXPENSE TYPE	CATEGORY	METHOD	AMOUNT
			TOTAL:	

EXPENSES

DATE	EXPENSE TYPE	CATEGORY	METHOD	AMOUNT
				TOTAL:

EXPENSES

DATE	EXPENSE TYPE	CATEGORY	METHOD	AMOUNT
			TOTAL:	

EXPENSES

DATE	EXPENSE TYPE	CATEGORY	METHOD	AMOUNT
			TOTAL:	

EXPENSES

DATE	EXPENSE TYPE	CATEGORY	METHOD	AMOUNT
			TOTAL:	

EXPENSES

DATE	EXPENSE TYPE	CATEGORY	METHOD	AMOUNT
				TOTAL:

EXPENSES

DATE	EXPENSE TYPE	CATEGORY	METHOD	AMOUNT
			TOTAL:	

EXPENSES

DATE	EXPENSE TYPE	CATEGORY	METHOD	AMOUNT
				TOTAL:

EXPENSES

DATE	EXPENSE TYPE	CATEGORY	METHOD	AMOUNT
			TOTAL:	

EXPENSES

DATE	EXPENSE TYPE	CATEGORY	METHOD	AMOUNT
			TOTAL:	

EXPENSES

DATE	EXPENSE TYPE	CATEGORY	METHOD	AMOUNT
			TOTAL:	

EXPENSES

DATE	EXPENSE TYPE	CATEGORY	METHOD	AMOUNT
			TOTAL:	

EXPENSES

DATE	EXPENSE TYPE	CATEGORY	METHOD	AMOUNT
			TOTAL:	

EXPENSES

DATE	EXPENSE TYPE	CATEGORY	METHOD	AMOUNT
			TOTAL:	

EXPENSES

DATE	EXPENSE TYPE	CATEGORY	METHOD	AMOUNT
				TOTAL:

EXPENSES

DATE	EXPENSE TYPE	CATEGORY	METHOD	AMOUNT
				TOTAL:

EXPENSES

DATE	EXPENSE TYPE	CATEGORY	METHOD	AMOUNT
			TOTAL:	

EXPENSES

DATE	EXPENSE TYPE	CATEGORY	METHOD	AMOUNT
			TOTAL:	

EXPENSES

DATE	EXPENSE TYPE	CATEGORY	METHOD	AMOUNT
			TOTAL:	

EXPENSES

DATE	EXPENSE TYPE	CATEGORY	METHOD	AMOUNT
			TOTAL:	

EXPENSES

DATE	EXPENSE TYPE	CATEGORY	METHOD	AMOUNT
			TOTAL:	

EXPENSES

DATE	EXPENSE TYPE	CATEGORY	METHOD	AMOUNT
			TOTAL:	

EXPENSES

DATE	EXPENSE TYPE	CATEGORY	METHOD	AMOUNT
			TOTAL:	

EXPENSES

DATE	EXPENSE TYPE	CATEGORY	METHOD	AMOUNT
			TOTAL:	

EXPENSES

DATE	EXPENSE TYPE	CATEGORY	METHOD	AMOUNT
			TOTAL:	

EXPENSES

DATE	EXPENSE TYPE	CATEGORY	METHOD	AMOUNT
			TOTAL:	

EXPENSES

DATE	EXPENSE TYPE	CATEGORY	METHOD	AMOUNT
			TOTAL:	

EXPENSES

DATE	EXPENSE TYPE	CATEGORY	METHOD	AMOUNT
			TOTAL:	

RECIPE:

DIFFICULTY:

RATING:

PREP TIME:

COOK TIME:

INGREDIENTS:

COOKING INSTRUCTIONS:

NOTES:

RECIPE:

DIFFICULTY:

RATING:

PREP TIME:

INGREDIENTS:

COOK TIME:

COOKING INSTRUCTIONS:

NOTES:

RECIPE:

DIFFICULTY:
RATING:
PREP TIME:
COOK TIME:

INGREDIENTS:

COOKING INSTRUCTIONS:

NOTES:

RECIPE:

DIFFICULTY:
RATING:
PREP TIME:
COOK TIME:

INGREDIENTS:

COOKING INSTRUCTIONS:

NOTES:

RECIPE:

DIFFICULTY:

RATING:

PREP TIME:

COOK TIME:

INGREDIENTS:

COOKING INSTRUCTIONS:

NOTES:

RECIPE:

DIFFICULTY:

RATING:

PREP TIME:

INGREDIENTS:

COOK TIME:

COOKING INSTRUCTIONS:

NOTES:

RECIPE:

DIFFICULTY:
RATING:
PREP TIME:
COOK TIME:

INGREDIENTS:

COOKING INSTRUCTIONS:

NOTES:

RECIPE:

DIFFICULTY:

RATING:

PREP TIME:

COOK TIME:

INGREDIENTS:

COOKING INSTRUCTIONS:

NOTES:

RECIPE:

DIFFICULTY:

RATING:

PREP TIME:

COOK TIME:

INGREDIENTS:

COOKING INSTRUCTIONS:

NOTES:

RECIPE:

DIFFICULTY:

RATING:

PREP TIME:

COOK TIME:

INGREDIENTS:

COOKING INSTRUCTIONS:

NOTES:

RECIPE:

DIFFICULTY:

RATING:

PREP TIME:

COOK TIME:

INGREDIENTS:

COOKING INSTRUCTIONS:

NOTES:

RECIPE:

DIFFICULTY:

RATING:

PREP TIME:

COOK TIME:

INGREDIENTS:

COOKING INSTRUCTIONS:

NOTES:

RECIPE:

DIFFICULTY:
RATING:
PREP TIME:
COOK TIME:

INGREDIENTS:

COOKING INSTRUCTIONS:

NOTES:

RECIPE:

DIFFICULTY:

RATING:

PREP TIME:

COOK TIME:

INGREDIENTS:

COOKING INSTRUCTIONS:

NOTES:

RECIPE:

DIFFICULTY:

RATING:

PREP TIME:

COOK TIME:

INGREDIENTS:

COOKING INSTRUCTIONS:

NOTES:

RECIPE:

DIFFICULTY:

RATING:

PREP TIME:

COOK TIME:

INGREDIENTS:

COOKING INSTRUCTIONS:

NOTES:

RECIPE:

DIFFICULTY:

RATING:

PREP TIME:

COOK TIME:

INGREDIENTS:

COOKING INSTRUCTIONS:

NOTES:

RECIPE:

DIFFICULTY:

RATING:

PREP TIME:

COOK TIME:

INGREDIENTS:

COOKING INSTRUCTIONS:

NOTES:

RECIPE:

DIFFICULTY:
RATING:
PREP TIME:
COOK TIME:

INGREDIENTS:

COOKING INSTRUCTIONS:

NOTES:

RECIPE:

DIFFICULTY:

RATING:

PREP TIME:

COOK TIME:

INGREDIENTS:

COOKING INSTRUCTIONS:

NOTES:

RECIPE:

DIFFICULTY:

RATING:

PREP TIME:

COOK TIME:

INGREDIENTS:

COOKING INSTRUCTIONS:

NOTES:

RECIPE:

DIFFICULTY:

RATING:

PREP TIME:

COOK TIME:

INGREDIENTS:

COOKING INSTRUCTIONS:

NOTES:

RECIPE:

DIFFICULTY:

RATING:

PREP TIME:

COOK TIME:

INGREDIENTS:

COOKING INSTRUCTIONS:

NOTES:

RECIPE:

DIFFICULTY:

RATING:

PREP TIME:

INGREDIENTS:

COOK TIME:

COOKING INSTRUCTIONS:

NOTES:

RECIPE:

DIFFICULTY:
RATING:
PREP TIME:
COOK TIME:

INGREDIENTS:

COOKING INSTRUCTIONS:

NOTES:

RECIPE:

DIFFICULTY:

RATING:

PREP TIME:

COOK TIME:

INGREDIENTS:

COOKING INSTRUCTIONS:

NOTES:

www.ingramcontent.com/pod-product-compliance
Lightning Source LLC
LaVergne TN
LVHW012033070526
838202LV00056B/5483